Die allerschönsten Märchen der Brüder Grimm

mit Illustrationen von Bernhard Oberdieck

Inhalt

Hänsel und Gretel — 4

Der süße Brei — 20

Der gestiefelte Kater — 22

Märchen von einem, der auszog, das Fürchten zu lernen — 32

Der Froschkönig oder Der eiserne Heinrich — 50

Die Bienenkönigin — 60

Rotkäppchen 64

Schneewittchen 72

Jorinde und Joringel 88

Die Bremer Stadtmusikanten 92

Brüderchen und Schwesterchen 100

Die goldene Gans 112

Rumpelstilzchen 120

Hänsel und Gretel

Vor einem großen Walde wohnte ein armer Holzhacker mit seiner Frau und seinen zwei Kindern; das Bübchen hieß Hänsel und das Mädchen Gretel. Er hatte wenig zu beißen und zu brechen, und einmal, als große Teuerung ins Land kam, konnte er auch das täglich Brot nicht mehr schaffen. Wie er sich nun abends im Bette Gedanken machte und sich vor Sorgen herumwälzte, seufzte er und sprach zu seiner Frau: »Was soll aus uns werden? Wie können wir unsere armen Kinder ernähren, da wir für uns selbst nichts mehr haben?«

»Weißt du was, Mann«, antwortete die Frau, »wir wollen morgen in aller Frühe die Kinder hinaus in den Wald führen, wo er am dicksten ist; da machen wir ihnen ein Feuer an und geben jedem noch ein Stückchen Brot, dann gehen wir an unsere Arbeit und lassen sie allein. Sie finden den Weg nicht wieder nach Haus, und wir sind sie los.«

»Nein, Frau«, sagte der Mann, »das tue ich nicht. Wie sollt' ichs übers Herz bringen, meine Kinder im Walde allein zu lassen? Die wilden Tiere würden bald kommen und sie zerreißen.«

»O du Narr«, sagte sie, »dann müssen wir alle viere Hungers sterben, du kannst nur die Bretter für die Särge hobeln«, und ließ ihm keine Ruhe, bis er einwilligte.

»Aber die armen Kinder dauern mich doch«, sagte der Mann.

Die zwei Kinder hatten vor Hunger auch nicht einschlafen können und hatten gehört, was die Stiefmutter zum Vater gesagt hatte. Gretel weinte bittere Tränen und sprach zu Hänsel: »Nun ists um uns geschehen.«

»Still, Gretel«, sprach Hänsel, »gräme dich nicht. Ich will uns schon helfen.«

Und als die Alten eingeschlafen waren, stand er auf, zog sein Röcklein an, machte die Untertüre auf und schlich sich hinaus.

Da schien der Mond ganz helle, und die weißen Kieselsteine, die vor dem Haus lagen, glänzten wie lauter Batzen. Hänsel bückte sich und

steckte so viel in sein Rocktäschlein, als nur hinein wollten. Dann ging er wieder zurück, sprach zu Gretel: »Sei getrost, liebes Schwesterchen, und schlaf nur ruhig ein, Gott wird uns nicht verlassen«, und legte sich wieder in sein Bett.

Als der Tag anbrach, noch ehe die Sonne aufgegangen war, kam schon die Frau und weckte die beiden Kinder: »Steht auf, ihr Faulenzer, wir wollen in den Wald gehen und Holz holen.« Dann gab sie jedem ein Stückchen Brot und sprach: »Da habt ihr etwas für den Mittag, aber esst's nicht vorher auf, weiter kriegt ihr nichts.«

Gretel nahm das Brot unter die Schürze, weil Hänsel die Steine in der Tasche hatte. Danach machten sie sich alle zusammen auf den Weg nach dem Wald. Als sie ein Weilchen gegangen waren, stand Hänsel still und guckte nach dem Haus zurück und tat das wieder und immer wieder. Der Vater sprach: »Hänsel, was guckst du da und bleibst zurück? Hab Acht und vergiss deine Beine nicht.«

»Ach Vater«, sagte Hänsel, »ich sehe nach meinem weißen Kätzchen, das sitzt oben auf dem Dach und will mir ade sagen.«
Die Frau sprach: »Narr, das ist dein Kätzchen nicht, das ist die Morgensonne, die auf den Schornstein scheint.«
Hänsel aber hatte nicht nach dem Kätzchen gesehen, sondern immer einen von den blanken Kieselsteinen aus seiner Tasche auf den Weg geworfen.
Als sie mitten in den Wald gekommen waren, sprach der Vater: »Nun sammelt Holz, ihr Kinder, ich will ein Feuer anmachen, damit ihr nicht friert.«
Hänsel und Gretel trugen Reisig zusammen, einen kleinen Berg hoch. Das Reisig ward angezündet, und als die Flamme recht hoch brannte, sagte die Frau: »Nun legt euch ans Feuer, ihr Kinder, und ruht euch aus, wir gehen in den Wald und hauen Holz. Wenn wir fertig sind, kommen wir wieder und holen euch ab.«
Hänsel und Gretel saßen am Feuer, und als der Mittag kam, aß jedes sein Stücklein Brot. Und weil sie die Schläge der Holzaxt hörten, so glaubten sie, ihr Vater wäre in der Nähe. Es war aber nicht die Holzaxt, es war ein Ast, den er an einen dürren Baum gebunden hatte und den der Wind hin und her schlug. Und als sie so lange gesessen hatten, fielen ihnen die Augen vor Müdigkeit zu, und sie schliefen fest ein.

Als sie endlich erwachten, war es schon finstere Nacht. Gretel fing an zu weinen und sprach: »Wie sollen wir nun aus dem Wald kommen?« Hänsel aber tröstete sie: »Wart nur ein Weilchen, bis der Mond aufgegangen ist, dann wollen wir den Weg schon finden.«
Und als der volle Mond aufgestiegen war, so nahm Hänsel sein Schwesterchen an der Hand und ging den Kieselsteinen nach, die schimmerten wie neu geschlagene Batzen und zeigten ihnen den Weg. Sie gingen die ganze Nacht hindurch und kamen bei anbrechendem Tag wieder zu ihres Vaters Haus. Sie klopften an die Tür, und als die Frau aufmachte und sah, dass es Hänsel und Gretel waren, sprach sie: »Ihr bösen Kinder, was habt ihr so lange im Walde geschlafen? Wir haben geglaubt, ihr wolltet gar nicht wiederkommen.« Der Vater aber freute sich, denn es war ihm zu Herzen gegangen, dass er sie so allein zurückgelassen hatte.

Nicht lange danach war wieder Not in allen Ecken, und die Kinder hörten, wie die Mutter nachts im Bette zu dem Vater sprach: »Alles ist wieder aufgezehrt. Wir haben noch einen halben Laib Brot, hernach hat das Lied ein Ende. Die Kinder müssen fort! Wir wollen sie tiefer in den Wald hineinführen, damit sie den Weg nicht wieder herausfinden, es ist sonst keine Rettung für uns.«

Dem Mann fiels schwer aufs Herz, und er dachte: »Es wäre besser, dass du den letzten Bissen mit deinen Kindern teiltest.« Aber die Frau hörte auf nichts, was er sagte, schalt ihn und machte ihm Vorwürfe. Wer A sagt, muss auch B sagen, und weil er das erste Mal nachgegeben hatte, so musste er es auch zum zweiten Mal. Die Kinder waren aber noch wach gewesen und hatten das Gespräch mit angehört. Als die Alten schliefen, stand Hänsel wieder auf, wollte hinaus und Kieselsteine auflesen, wie das vorige Mal, aber die Frau hatte die Tür verschlossen, und Hänsel konnte nicht hinaus. Aber er tröstete sein Schwesterchen und sprach: »Weine nicht, Gretel, und schlaf nur ruhig, der liebe Gott wird uns schon helfen.«

Am frühen Morgen kam die Frau und holte die Kinder aus dem Bette. Sie erhielten ihr Stückchen Brot, das war aber noch kleiner als das vorige Mal. Auf dem Wege nach dem Wald bröckelte es Hänsel in der Tasche, stand oft still und warf ein Bröcklein auf die Erde. »Hänsel, was stehst du und guckst dich um?«, sagte der Vater. »Geh deiner Wege.«

»Ich sehe nach meinem Täubchen, das sitzt auf dem Dache und will mir ade sagen«, antwortete Hänsel.
»Narr«, sagte die Frau, »das ist dein Täubchen nicht, das ist die Morgensonne, die auf den Schornstein oben scheint.«
Hänsel aber warf nach und nach alle Bröcklein auf den Weg.
Die Frau führte die Kinder noch tiefer in den Wald, wo sie ihr Lebtag noch nicht gewesen waren. Da ward wieder ein großes Feuer angemacht, und die Mutter sagte:
»Bleibt nur da sitzen, ihr Kinder, und wenn ihr müde seid, könnt ihr ein wenig schlafen. Wir gehen in den Wald und hauen Holz, und abends, wenn wir fertig sind, kommen wir und holen euch ab.«

Als es Mittag war, teilte Gretel ihr Brot mit Hänsel, der sein Stück auf den Weg gestreut hatte. Dann schliefen sie ein, und der Abend verging, aber niemand kam zu den armen Kindern. Sie erwachten erst in der finstern Nacht, und Hänsel tröstete sein Schwesterchen und sagte: »Wart nur, Gretel, bis der Mond aufgeht. Dann werden wir die Brotbröcklein sehen, die ich ausgestreut habe, die zeigen uns den Weg nach Haus.«

Als der Mond kam, machten sie sich auf, aber sie fanden kein Bröcklein mehr, denn die vieltausend Vögel, die im Walde und im Felde umherfliegen, die hatten sie weggepickt. Hänsel sagte zu Gretel: »Wir werden den Weg schon finden«, aber sie fanden ihn nicht. Sie gingen die ganze Nacht und noch einen Tag von Morgen bis Abend, aber sie kamen aus dem Wald nicht heraus, und waren so hungrig, denn sie hatten nichts als die paar Beeren, die auf der Erde standen. Und weil sie so müde waren, dass die Beine sie nicht mehr tragen wollten, so legten sie sich unter einen Baum und schliefen ein.

Nun wars schon der dritte Morgen, dass sie ihres Vaters Haus verlassen hatten. Sie fingen wieder an zu gehen, aber sie gerieten immer tiefer in den Wald, und wenn nicht bald Hilfe kam, so mussten sie verschmachten.

Als es Mittag war, sahen sie ein schönes schneeweißes Vöglein auf einem Ast sitzen, das sang so schön, dass sie stehen blieben und ihm zuhörten. Und als es fertig war, schwang es seine Flügel und flog vor ihnen her, und sie gingen ihm nach, bis sie zu einem Häuschen gelangten, auf dessen Dach es sich setzte, und als sie ganz nah herankamen, so sahen sie, dass das Häuslein aus Brot gebaut war und mit Kuchen gedeckt; aber die Fenster waren von hellem Zucker.

»Da wollen wir uns dranmachen«, sprach Hänsel, »und eine gesegnete Mahlzeit halten. Ich will ein Stück vom Dach essen. Gretel, du kannst vom Fenster essen, das schmeckt süß.«

Hänsel reichte in die Höhe und brach sich ein wenig vom Dach ab, um zu versuchen, wie es schmeckte, und Gretel stellte sich an die Scheiben und knusperte daran.

Da rief eine feine Stimme aus der Stube heraus:
»Knusper, knusper, knäuschen,
wer knuspert an meinem Häuschen?«

Die Kinder antworteten:
»Der Wind, der Wind,
das himmlische Kind«,
und aßen weiter, ohne sich
irremachen zu lassen.

Hänsel, dem das Dach sehr gut schmeckte, riss sich ein großes Stück davon herunter, und Gretel stieß eine ganze runde Fensterscheibe heraus, setzte sich nieder und tat sich wohl damit.
Da ging auf einmal die Türe auf, und eine steinalte Frau, die sich auf eine Krücke stützte, kam herausgeschlichen. Hänsel und Gretel erschraken so gewaltig, dass sie fallen ließen, was sie in den Händen hielten. Die Alte aber wackelte mit dem Kopfe und sprach: »Ei, ihr lieben Kinder, wer hat euch hierher gebracht? Kommt nur herein und bleibt bei mir! Es geschieht euch kein Leid.« Sie fasste beide an der Hand und führte sie in ihr Häuschen. Da ward gutes Essen aufgetragen, Milch und Pfannkuchen mit Zucker, Äpfel und Nüsse. Hernach wurden zwei schöne Bettlein weiß gedeckt, und Hänsel und Gretel legten sich hinein und meinten, sie wären im Himmel.
Die Alte hatte sich nur so freundlich angestellt. Sie war aber eine böse Hexe, die den Kindern auflauerte, und hatte das Brothäuslein bloß gebaut, um sie herbeizulocken. Wenn eins in ihre Gewalt kam, so machte sie es tot, kochte es und aß es, und das war ihr ein Festtag. Die Hexen haben rote Augen und können nicht weit sehen, aber sie haben eine feine Witterung, wie die Tiere, und merkens, wenn Menschen herankommen. Als Hänsel und Gretel in ihre Nähe kamen, da lachte sie boshaft und sprach höhnisch: »Die habe ich! Die sollen mir nicht wieder entwischen.«

Frühmorgens, ehe die Kinder erwacht waren, stand sie schon auf, und als sie beide so lieblich ruhen sah, mit den vollen roten Backen, so murmelte sie vor sich hin: »Das wird ein guter Bissen werden.« Da packte sie Hänsel mit ihrer dürren Hand und trug ihn in einen kleinen Stall und sperrte ihn mit einer Gittertüre ein. Er mochte schreien, wie er wollte, es half ihm nichts. Dann ging sie zur Gretel, rüttelte sie wach und rief: »Steh auf, Faulenzerin, trag Wasser und koch deinem Bruder etwas Gutes! Der sitzt draußen im Stall und soll fett werden. Wenn er fett ist, so will ich ihn essen.«
Gretel fing an, bitterlich zu weinen, aber es war alles vergeblich, sie musste tun, was die böse Hexe verlangte.
Nun ward dem armen Hänsel das beste Essen gekocht, aber Gretel bekam nichts als Krebsschalen.
Jeden Morgen schlich die Alte zu dem Ställchen und rief: »Hänsel, streck deine Finger heraus, damit ich fühle, ob du bald fett bist.« Hänsel streckte ihr aber ein Knöchlein heraus. Und die Alte, die trübe Augen hatte, konnte es nicht sehen und meinte, es wären Hänsels Finger, und verwunderte sich, dass er gar nicht fett werden wollte.
Als vier Wochen herum waren und Hänsel immer mager blieb, da überkam sie die Ungeduld, und sie wollte nicht länger warten. »Heda, Gretel«, rief sie dem Mädchen zu, »sei flink und trag Wasser! Hänsel mag fett oder mager sein, morgen will ich ihn schlachten und kochen.« Ach, wie jammerte das arme Schwesterchen, als es das Wasser tragen musste, und wie flossen ihm die Tränen über die Backen herunter! »Lieber Gott, hilf uns doch«, rief sie aus. »Hätten uns nur die wilden Tiere im Wald gefressen, so wären wir doch zusammen gestorben.« »Spar nur dein Geplärre«, sagte die Alte, »es hilft dir alles nichts.«
Frühmorgens musste Gretel heraus, den Kessel mit Wasser aufhängen und Feuer anzünden.

»Erst wollen wir backen«, sagte die Alte. »Ich habe den Backofen schon eingeheizt und den Teig geknetet.« Sie stieß das arme Gretel hinaus zu dem Backofen, aus dem die Feuerflammen schon herausschlugen. »Kriech hinein«, sagte die Hexe, »und sieh zu, ob recht eingeheizt ist, damit wir das Brot hineinschießen können.« Und wenn Gretel darin war, wollte sie den Ofen zumachen, und Gretel sollte darin braten, und dann wollte sie's auch aufessen.

Aber Gretel merkte, was sie im Sinn hatte, und sprach: »Ich weiß nicht, wie ichs machen soll. Wie komm ich da hinein?«

»Dumme Gans«, sagte die Alte, »die Öffnung ist groß genug! Siehst du wohl, ich könnte selbst hinein«, krabbelte heran und steckte den Kopf in den Backofen. Da gab ihr Gretel einen Stoß, dass sie weit hineinfuhr, machte die eiserne Tür zu und schob den Riegel vor. Hu! da fing sie an zu heulen, ganz grauselich. Aber Gretel lief fort, und die gottlose Hexe musste elendiglich verbrennen.

Gretel aber lief schnurstracks zum Hänsel, öffnete sein Ställchen und rief: »Hänsel, wir sind erlöst, die alte Hexe ist tot.« Da sprang Hänsel heraus, wie ein Vogel aus dem Käfig, wenn ihm die Türe aufgemacht wird. Wie haben sie sich gefreut, sind sich um den Hals gefallen, sind herumgesprungen und haben sich geküsst!

Und weil sie sich nicht mehr zu fürchten brauchten, so gingen sie in das Haus der Hexe hinein, da standen in allen Ecken Kasten mit Perlen und Edelsteinen.

»Die sind noch besser als Kieselsteine«, sagte Hänsel und steckte in seine Taschen, was hinein wollte, und Gretel sagte: »Ich will auch etwas mit nach Haus bringen«, und füllte sich sein Schürzchen voll.

»Aber jetzt wollen wir fort«, sagte Hänsel, »damit wir aus dem Hexenwald herauskommen.«

Als sie aber ein paar Stunden gegangen waren, gelangten sie an ein großes Wasser. »Wir können nicht hinüber«, sprach Hänsel, »ich sehe keinen Steg und keine Brücke.«

»Hier fährt auch kein Schiffchen«, antwortete Gretel, »aber da schwimmt eine weiße Ente, wenn ich die bitte, so hilft sie uns hinüber.«

Da rief sie:

>»Entchen, Entchen,
>da stehen Gretel und Hänsel.
>Kein Steg und keine Brücke,
>nimm uns auf deinen weißen Rücken!«

Das Entchen kam auch heran, und Hänsel setzte sich darauf und bat sein Schwesterchen, sich zu ihm zu setzen.
»Nein«, antwortete Gretel, »es wird dem Entchen zu schwer. Es soll uns nacheinander hinüberbringen.«
Das tat das gute Tierchen, und als sie glücklich drüben waren und ein Weilchen fortgingen, da kam ihnen der Wald immer bekannter und immer bekannter vor, und endlich erblickten sie von weitem ihres Vaters Haus. Da fingen sie an zu laufen, stürzten in die Stube hinein und fielen ihrem Vater um den Hals. Der Mann hatte keine frohe Stunde gehabt, seitdem er die Kinder im Walde gelassen hatte. Die

Frau aber war gestorben. Gretel schüttete sein Schürzchen aus, dass die Perlen und Edelsteine in der Stube herumsprangen, und Hänsel warf eine Hand voll nach der andern aus seiner Tasche dazu. Da hatten alle Sorgen ein Ende, und sie lebten in lauter Freude zusammen. Mein Märchen ist aus, dort läuft eine Maus, wer sie fängt, darf sich eine große, große Pelzkappe daraus machen.

Der süße Brei

Es war einmal ein armes, frommes Mädchen, das lebte mit seiner Mutter allein, und sie hatten nichts mehr zu essen. Da ging das Kind hinaus in den Wald und es begegnete ihm da eine alte Frau, die wusste seinen Jammer schon und schenkte ihm ein Töpfchen, zu dem sollt' es sagen: »Töpfchen, koche«, so kochte es guten, süßen Hirsenbrei, und wenn es sagte: »Töpfchen, steh«, so hörte es wieder auf zu kochen. Das Mädchen brachte den Topf seiner Mutter heim, und nun waren sie ihrer Armut und ihres Hungers ledig und aßen süßen Brei, sooft sie wollten.

Auf eine Zeit war das Mädchen ausgegangen, da sprach die Mutter: »Töpfchen, koche«, da kochte es, und sie aß sich satt.

Nun wollte sie, dass das Töpfchen wieder aufhören sollte, aber sie wusste das Wort nicht. Also kochte es fort, und der Brei stieg über den Rand hinaus und kochte immerzu, die Küche und das ganze Haus voll, und das zweite Haus und dann die Straße, als wollts die ganze Welt satt machen, und ist die größte Not, und kein Mensch wusste sich da zu helfen.

Endlich, wie nur noch ein einziges Haus übrig ist, da kommt das Kind heim und spricht nur: »Töpfchen, steh«, da steht es und hört auf zu kochen; und wer wieder in die Stadt wollte, der musste sich durchessen.

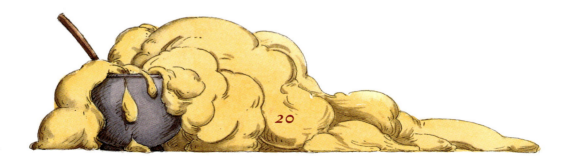

Der gestiefelte Kater

Ein Müller hatte drei Söhne, seine Mühle, einen Esel und einen Kater; die Söhne mussten mahlen, der Esel Getreide holen und Mehl forttragen und die Katz die Mäuse wegfangen. Als der Müller starb, teilten sich die drei Söhne in die Erbschaft. Der älteste bekam die Mühle, der zweite den Esel, der dritte den Kater, weiter blieb nichts für ihn übrig.

Da war er traurig und sprach zu sich selbst: »Ich hab es doch am allerschlimmsten gekriegt. Mein ältester Bruder kann mahlen, mein zweiter kann auf seinem Esel reiten – was kann ich mit dem Kater anfangen? Lass ich mir ein Paar Pelzhandschuhe aus seinem Fell machen, so ists vorbei.«

»Hör«, fing der Kater an, der alles verstanden hatte, was er gesagt, »du brauchst mich nicht zu töten, um ein Paar schlechte Handschuh aus meinem Pelz zu kriegen. Lass mir nur ein Paar Stiefel machen, dass ich ausgehen kann und mich unter den Leuten sehen lassen, dann soll dir bald geholfen sein.«

Der Müllerssohn verwunderte sich, dass der Kater so sprach. Weil aber eben der Schuster vorbeiging, rief er ihn herein und ließ ihm ein Paar Stiefel anmessen. Als sie fertig waren, zog sie der Kater an, nahm einen Sack, machte den Boden desselben voll Korn, oben aber eine Schnur daran, womit man ihn zuziehen konnte, dann warf er ihn über den Rücken und ging auf zwei Beinen, wie ein Mensch, zur Tür hinaus.

Dazumal regierte ein König in dem Land, der aß die Rebhühner so gern; es war aber eine Not, dass keine zu kriegen waren. Der ganze Wald war voll, aber sie waren so scheu, dass kein Jäger sie erreichen konnte. Das wusste der Kater und gedachte seine Sache besser zu machen.

Als er in den Wald kam, tat er den Sack auf, breitete das Korn auseinander, die Schnur aber legte er ins Gras und leitete sie hinter eine Hecke. Da versteckte er sich selber, schlich herum und lauerte.

Die Rebhühner kamen bald gelaufen, fanden das Korn, und eins nach dem andern hüpfte in den Sack hinein. Als eine gute Anzahl darin war, zog der Kater den Strick zu, lief herzu und drehte ihnen den Hals um; dann warf er den Sack auf den Rücken und ging geradeswegs nach des Königs Schloss.

Die Wache rief: »Halt! Wohin?«

»Zu dem König«, antwortete der Kater kurzweg.

»Bist du toll, ein Kater zum König?«

»Lass ihn nur gehen«, sagte ein anderer. »Der König hat doch oft Langeweile, vielleicht macht ihm der Kater mit seinem Brummen und Spinnen Vergnügen.«

Als der Kater vor den König kam, machte er eine Reverenz und sagte: »Mein Herr, der Graf«, dabei nannte er einen langen und vornehmen Namen, »lässt sich dem Herrn König empfehlen und schickt ihm hier Rebhühner, die er eben in Schlingen gefangen hat.« Der König erstaunte über die schönen, fetten Rebhühner, wusste sich vor Freude nicht zu lassen und befahl dem Kater, so viel Gold aus der Schatzkammer in den Sack zu tun, als er tragen könne: »Das bring deinem Herrn, und dank ihm noch vielmal für sein Geschenk.«

Der arme Müllerssohn aber saß zu Haus am Fenster, stützte den Kopf auf die Hand und dachte, dass er nun sein Letztes für die Stiefel des Katers weggegeben, und was werde ihm der Großes dafür bringen können.

Da trat der Kater herein, warf den Sack vom Rücken, schnürte ihn auf und schüttete das Gold vor

den Müller hin: »Da hast du etwas für die Stiefel! Der König lässt dich auch grüßen und dir viel Dank sagen.«

Der Müller war froh über den Reichtum, ohne dass er noch recht begreifen konnte, wie es zugegangen war.

Der Kater aber, während er seine Stiefel auszog, erzählte ihm alles, dann sagte er: »Du hast zwar jetzt Geld genug, aber dabei soll es nicht bleiben. Morgen zieh ich meine Stiefel wieder an. Du sollst noch reicher werden. Dem König hab ich auch gesagt, dass du ein Graf bist.«

Am andern Tag ging der Kater, wie er gesagt hatte, wohl gestiefelt, wieder auf die Jagd und brachte dem König einen reichen Fang. So ging es alle Tage, und der Kater brachte alle Tage Gold heim und ward so beliebt wie einer bei dem König, dass er aus und ein gehen durfte und im Schloss herumstreichen, wo er wollte.

Einmal stand der Kater in der Küche des Königs beim Herd und wärmte sich, da kam der Kutscher und fluchte: »Ich wünsch, der König mit der Prinzessin wär beim Henker! Ich wollt ins Wirtshaus gehen und einmal trinken und Karten spielen – da soll ich sie spazieren fahren an den See.«

Wie der Kater das hörte, schlich er nach Haus und sagte zu seinem Herrn: »Wenn du willst ein Graf und reich werden, so komm mit mir hinaus an den See und bad dich darin.«

Der Müller wusste nicht, was er dazu sagen sollte, doch folgte er dem Kater, ging mit ihm, zog sich splitternackend aus und sprang ins Wasser. Der Kater aber nahm seine Kleider, trug sie fort und versteckte sie.

Kaum war er damit fertig, da kam der König dahergefahren. Der Kater fing sogleich an, erbärmlich zu lamentieren: »Ach! Allergnädigster König! Mein Herr, der hat sich hier im See gebadet, da ist ein Dieb gekommen und hat ihm die Kleider gestohlen, die am Ufer lagen. Nun ist der Herr Graf im Wasser und kann nicht heraus, und wenn er länger darin bleibt, wird er sich erkälten und sterben.«

Wie der König das hörte, ließ er Halt machen, und einer von seinen Leuten musste zurückjagen und von des Königs Kleidern holen. Der Herr Graf zog die prächtigsten Kleider an, und weil ihm ohnehin der König wegen der Rebhühner, die er meinte von ihm empfangen zu haben, gewogen war, so musste er sich zu ihm in die Kutsche setzen. Die Prinzessin war auch nicht bös darüber, denn der Graf war jung und schön, und er gefiel ihr recht gut.

Der Kater aber war vorausgegangen und zu einer großen Wiese gekommen, wo über hundert Leute waren und Heu machten.

»Wem ist die Wiese, ihr Leute?«, fragte der Kater.

»Dem großen Zauberer.«

»Hört, jetzt wird der König bald vorbeifahren, wenn der fragt, wem die Wiese gehört, so antwortet: dem Grafen. Und wenn ihr das nicht tut, so werdet ihr alle totgeschlagen.«

Darauf ging der Kater weiter und kam an ein Kornfeld, so groß, dass es niemand übersehen konnte, da standen mehr als zweihundert Leute und schnitten das Korn.

»Wem ist das Korn, ihr Leute?«

»Dem Zauberer.«

»Hört, jetzt wird der König vorbeifahren, wenn er fragt, wem das Korn gehört, so antwortet: dem Grafen. Und wenn ihr das nicht tut, so werdet ihr alle totgeschlagen.«

Endlich kam der Kater an einen prächtigen Wald, da standen mehr als dreihundert Leute, fällten die großen Eichen und machten Holz.

»Wem ist der Wald, ihr Leute?«

»Dem Zauberer.«

»Hört, jetzt wird der König vorbeifahren, wenn er fragt, wem der Wald gehört, so antwortet: dem Grafen. Und wenn ihr das nicht tut, so werdet ihr alle umgebracht.«

Der Kater ging noch weiter. Die Leute sahen ihm alle nach, und weil er so wunderlich aussah und wie ein Mensch in Stiefeln daherging, fürchteten sie sich vor ihm. Er kam bald an des Zauberers Schloss, trat kecklich hinein und vor ihn hin. Der Zauberer sah ihn verächtlich an und fragte ihn, was er wolle. Der Kater machte eine Reverenz und sagte: »Ich habe gehört, dass du in jedes Tier nach deinem Gefallen dich verwandeln könntest.

Was einen Hund, Fuchs oder auch Wolf betrifft, da will ich es wohl glauben, aber von einem Elefanten, das scheint mir ganz unmöglich, und deshalb bin ich gekommen, um mich selbst zu überzeugen.«

Der Zauberer sagte stolz: »Das ist mir eine Kleinigkeit«, und war in dem Augenblick in einen Elefanten verwandelt.

»Das ist viel, aber auch in einen Löwen?«

»Das ist auch nichts«, sagte der Zauberer und stand als ein Löwe vor dem Kater.

Der Kater stellte sich erschrocken und rief: »Das ist unglaublich und unerhört, dergleichen hätt' ich mir nicht im Traume in die Gedanken kommen lassen. Aber noch mehr als alles andere wär' es, wenn du dich auch in ein so kleines Tier, wie eine Maus ist, verwandeln könntest! Du kannst gewiss mehr als irgendein Zauberer auf der Welt, aber das wird dir doch zu hoch sein.«

Der Zauberer ward ganz freundlich von den süßen Worten und sagte: »O ja, liebes Kätzchen, das kann ich auch«, und

sprang als eine Maus im Zimmer herum. Der Kater war hinter ihm her, fing die Maus mit einem Sprung und fraß sie auf.

Der König aber war mit dem Grafen und der Prinzessin weiter spazieren gefahren und kam zu der großen Wiese. »Wem gehört das Heu?«, fragte der König.

»Dem Herrn Grafen«, riefen alle, wie der Kater ihnen befohlen hatte.

»Ihr habt da ein schön Stück Land, Herr Graf«, sagte er.

Darnach kamen sie an das große Kornfeld.

»Wem gehört das Korn, ihr Leute?«

»Dem Herrn Grafen.«

»Ei! Herr Graf! Große, schöne Ländereien!«

Darauf zu dem Wald: »Wem gehört das Holz, ihr Leute?«

»Dem Herrn Grafen.«

Der König verwunderte sich noch mehr und sagte: »Ihr müsst ein reicher Mann sein, Herr Graf! Ich glaube nicht, dass ich einen so prächtigen Wald habe.«

Endlich kamen sie an das Schloss. Der Kater stand oben an der Treppe, und als der Wagen unten hielt, sprang er herab, machte die Türe auf und sagte:

»Herr König, Ihr gelangt hier in das Schloss meines Herrn, des Grafen, den diese Ehre für sein Lebtag glücklich machen wird.«

Der König stieg aus und verwunderte sich über das prächtige Gebäude, das fast größer und schöner war als sein Schloss. Der Graf aber führte die Prinzessin die Treppe hinauf in den Saal, der ganz von Gold und Edelsteinen flimmerte.

Da ward die Prinzessin mit dem Grafen versprochen, und als der König starb, ward er König, der gestiefelte Kater aber erster Minister.

Märchen von einem, der auszog, das Fürchten zu lernen

Ein Vater hatte zwei Söhne, davon war der Ältere klug und gescheit und wusste sich in alles wohl zu schicken, der Jüngere aber war dumm, konnte nichts begreifen und lernen. Und wenn ihn die Leute sahen, sprachen sie: »Mit dem wird der Vater noch seine Last haben!«

Wenn nun etwas zu tun war, so musste es der Älteste allzeit ausrichten. Hieß ihn aber der Vater noch spät oder gar in der Nacht etwas holen, und der Weg ging dabei über den Kirchhof oder sonst einen schaurigen Ort, so antwortete er wohl: »Ach nein, Vater, ich gehe nicht dahin, es gruselt mir!« Denn er fürchtete sich. Oder wenn abends beim Feuer Geschichten erzählt wurden, wobei einem die Haut schaudert, so sprachen die Zuhörer manchmal: »Ach, es gruselt mir!« Der Jüngste saß in einer Ecke und hörte das mit an und konnte nicht begreifen, was es heißen sollte. »Immer sagen sie: Es gruselt mir! Es gruselt mir! Mir gruselts nicht: Das wird wohl eine Kunst sein, von der ich auch nichts verstehe.«

Nun geschah es, dass der Vater einmal zu ihm sprach: »Hör du, in der Ecke dort, du wirst groß und stark, du musst auch etwas lernen, womit du dein Brot verdienst. Siehst du, wie dein Bruder sich Mühe gibt? Aber an dir ist Hopfen und Malz verloren.«

»Ei, Vater«, antwortete er, »ich will gerne was lernen; ja, wenns anginge, so möchte ich lernen, dass mirs gruselte, davon verstehe ich noch gar nichts.«

Der Älteste lachte, als er das hörte, und dachte bei sich: »Du lieber Gott, was ist mein Bruder ein Dummbart! Aus dem wird sein Lebtag nichts. Was ein Häkchen werden will, muss sich beizeiten krümmen.«

Der Vater seufzte und antwortete dem Jüngeren: »Das Gruseln, das sollst du schon lernen, aber dein Brot wirst du damit nicht verdienen.«

Bald danach kam der Küster zu Besuch ins Haus. Da klagte ihm der Vater seine Not und erzählte, wie sein jüngerer Sohn in allen Dingen so schlecht beschlagen wäre, er wüsste nichts und lernte nichts.

»Denkt euch, als ich ihn fragte, womit er sein Brot verdienen wollte, hat er gar verlangt, das Gruseln zu lernen.«

»Wenns weiter nichts ist«, antwortete der Küster, »das kann er bei mir lernen. Tut ihn nur zu mir, ich will ihn schon abhobeln.«

Der Vater war es zufrieden, weil er dachte: »Der Junge wird doch ein wenig zugestutzt.«

Der Küster nahm ihn also ins Haus, und er musste die Glocke läuten. Nach ein paar Tagen weckte er ihn um Mitternacht, hieß ihn aufstehen, in den Kirchturm steigen und läuten. »Du sollst schon lernen, was Gruseln ist«, dachte er, ging heimlich voraus, und als der Junge oben war und sich umdrehte und das Glockenseil fassen wollte, so sah er auf der Treppe, dem Schallloch gegenüber, eine weiße Gestalt stehen. »Wer da?«, rief er, aber die Gestalt gab keine Antwort, regte und bewegte sich nicht.

»Gib Antwort«, rief der Junge, »oder mache, dass du fortkommst, du hast hier in der Nacht nichts zu schaffen!«

Der Küster aber blieb unbeweglich stehen, damit der Junge glauben sollte, er wäre ein Gespenst. Der Junge rief zum zweiten Mal: »Was willst du hier? Sprich, wenn du ein ehrlicher Kerl bist, oder ich werfe dich die Treppe hinab.«

Der Küster dachte: »Das wird so schlimm nicht gemeint sein«, gab keinen Laut von sich und stand, als wenn er von Stein wäre. Da rief ihn der Junge zum dritten Male an, und als das auch vergeblich war, nahm er einen Anlauf und stieß das Gespenst die Treppe hinab, dass es zehn Stufen hinabfiel und in einer Ecke liegen blieb. Darauf läutete er die Glocke, ging heim, legte sich, ohne ein Wort zu sagen, ins Bett und schlief sofort. Die Küsterfrau wartete lange Zeit auf ihren Mann, aber er wollte nicht wiederkommen. Da ward ihr endlich angst, sie weckte den Jungen und fragte: »Weißt du nicht, wo mein Mann geblieben ist? Er ist vor dir auf den Turm gestiegen.«

»Nein«, antwortete der Junge. »Aber da hat einer dem Schallloch gegenüber auf der Treppe gestanden, und weil er keine Antwort geben und auch nicht weggehen wollte, so habe ich ihn für einen Spitzbuben gehalten und hinuntergestoßen. Geht nur hin, so werdet Ihr sehen, ob ers gewesen ist – es sollte mir Leid tun.«

Die Frau sprang fort und fand ihren Mann, der in einer Ecke lag und jammerte und ein Bein gebrochen hatte. Sie trug ihn herab und eilte dann mit lautem Geschrei zu dem Vater des Jungen. »Euer Junge«, rief sie, »hat ein großes Unglück angerichtet! Meinen Mann hat er die Treppe hinabgeworfen, dass er ein Bein gebrochen hat. Schafft den Taugenichts aus unserm Hause!«

Der Vater erschrak, kam herbeigelaufen und schalt den Jungen aus.

»Was sind das für gottlose Streiche? Die muss dir der Böse eingegeben haben.«

»Vater«, antwortete er, »hört nur an, ich bin ganz unschuldig: Er stand da in der Nacht, wie einer, der Böses im Sinne hat. Ich wusste nicht, wers war, und habe ihn dreimal ermahnt, zu reden oder wegzugehen.«

»Ach«, sprach der Vater, »mit dir erleb ich nur Unglück! Geh mir aus den Augen, ich will dich nicht mehr ansehen.«

»Ja, Vater, recht gern. Wartet nur, bis Tag ist, da will ich ausgehen und das Gruseln lernen, so versteh ich doch eine Kunst, die mich ernähren kann.«

»Lerne, was du willst«, sprach der Vater, »mir ist alles einerlei. Da hast du fünfzig Taler, damit geh in die weite Welt und sage keinem Menschen, wo du her bist und wer dein Vater ist, denn ich muss mich deiner schämen.«

»Ja, Vater, wie Ihrs haben wollt. Wenn Ihr nicht mehr verlangt, das kann ich leicht in Acht behalten.«

Als nun der Tag anbrach, steckte der Junge seine fünfzig Taler in die Tasche, ging hinaus auf die große Landstraße und sprach immer vor sich hin: »Wenn mirs nur gruselte! Wenn mirs nur gruselte!«

Da kam ein Mann heran, der hörte das Gespräch, das der Junge mit sich selber führte, und als sie ein Stück weiter waren, dass man den Galgen sehen konnte, sagte der Mann zu ihm: »Siehst du, dort ist der Baum, wo siebene mit des Seilers Tochter Hochzeit gehalten haben und jetzt das Fliegen lernen. Setz dich darunter und warte, bis die Nacht kommt, so wirst du schon das Gruseln lernen.«

»Wenn weiter nichts dazu gehört«, antwortete der Junge, »das ist leicht getan; lerne ich aber so geschwind das Gruseln, so sollst du meine fünfzig Taler haben. Komm nur morgen früh wieder zu mir.«

Da ging der Junge zu dem Galgen, setzte sich darunter und wartete, bis der Abend kam. Und weil ihn fror, machte er sich ein Feuer an; aber um Mitternacht ging der Wind so kalt, dass er trotz des Feuers nicht warm werden wollte. Und als der Wind die Gehenkten gegeneinander stieß, dass sie sich hin und her bewegten, so dachte er: »Du frierst unten bei dem Feuer, was mögen die da oben erst frieren und zappeln?« Und weil er mitleidig war, legte er die Leiter an, stieg hinauf, knüpfte einen nach dem andern los und holte sie alle siebene herab.

Darauf schürte er das Feuer, blies es an und setzte sie ringsherum, dass sie sich wärmen sollten. Aber sie saßen da und regten sich nicht, und das Feuer ergriff ihre Kleider. Da sprach er: »Nehmt euch in Acht, sonst häng ich euch wieder hinauf.«

Die Toten aber hörten nicht, schwiegen und ließen ihre Lumpen fortbrennen. Da ward er bös und sprach: »Wenn ihr nicht Acht geben wollt, so kann ich euch nicht helfen, ich will nicht mit euch verbrennen«, und hängte sie nach der Reihe wieder hinauf. Nun setzte er sich zu seinem Feuer und schlief ein, und am andern Morgen, da kam der Mann zu ihm, wollte die fünfzig Taler haben und sprach: »Nun, weißt du, was Gruseln ist?«

»Nein«, antwortete er, »woher sollte ichs wissen? Die da droben haben das Maul nicht aufgetan und waren so dumm, dass sie die paar

alten Lappen, die sie am Leibe haben, brennen ließen.«
Da sah der Mann, dass er die fünfzig Taler heute nicht davontragen würde, ging fort und sprach: »So einer ist mir noch nicht vorgekommen.«
Der Junge ging auch seines Weges und fing wieder an, vor sich hin zu reden: »Ach, wenn mirs nur gruselte! Ach, wenn mirs nur gruselte!«
Das hörte ein Fuhrmann, der hinter ihm herschritt, und fragte:
»Wer bist du?«
»Ich weiß nicht«, antwortete der Junge.
Der Fuhrmann fragte weiter: »Wo bist du her?«
»Ich weiß nicht.«
»Wer ist dein Vater?«
»Das darf ich nicht sagen.«
»Was brummst du beständig in den Bart hinein?«
»Ei«, antwortete der Junge, »ich wollte, dass mirs gruselte, aber niemand kann michs lehren.«
»Lass dein dummes Geschwätz«, sprach der Fuhrmann. »Komm, geh mit mir, ich will sehen, dass ich dich unterbringe.«
Der Junge ging mit dem Fuhrmann, und abends gelangten sie zu einem Wirtshaus, wo sie übernachten wollten. Da sprach er beim Eintritt in die Stube wieder ganz laut:
»Wenn mirs nur gruselte! Wenn mirs nur gruselte!«
Der Wirt, der das hörte, lachte und sprach: »Wenn dich danach lüstet, dazu sollte hier wohl Gelegenheit sein.«
»Ach schweig stille«, sprach die Wirtsfrau. »So mancher Vorwitzige hat schon sein Leben eingebüßt. Es wäre Jammer und Schade um die schönen Augen, wenn die das Tageslicht nicht wieder sehen sollten.«
Der Junge aber sagte: »Wenns noch so schwer wäre, ich wills einmal lernen, deshalb bin ich ja ausgezogen.«
Er ließ dem Wirt auch keine Ruhe, bis dieser erzählte, nicht weit davon stände ein verwünschtes Schloss, wo einer wohl lernen könnte, was Gruseln wäre, wenn er nur drei Nächte darin wachen wollte. Der König hätte dem, ders wagen wollte, seine Tochter zur Frau versprochen, und die wäre die schönste Jungfrau, welche die Sonne

beschien; in dem Schlosse steckten auch große Schätze, von bösen Geistern bewacht, die würden dann frei und könnten einen Armen reich genug machen. Schon viele wären wohl hinein-, aber noch keiner wieder herausgekommen.

Da ging der Junge am andern Morgen vor den König und sprach: »Wenns erlaubt wäre, so wollte ich wohl drei Nächte in dem verwünschten Schlosse wachen.«

Der König sah ihn an, und weil er ihm gefiel, sprach er: »Du darfst dir noch dreierlei ausbitten, aber es müssen leblose Dinge sein, und das darfst du mit ins Schloss nehmen.«

Da antwortete er: »So bitt ich um ein Feuer, eine Drehbank und eine Schnitzbank mit dem Messer.«

Der König ließ ihm das alles bei Tage in das Schloss tragen.

Als es Nacht werden wollte, ging der Junge hinauf, machte sich in einer Kammer ein helles Feuer an, stellte die Schnitzbank mit dem Messer daneben und setzte sich auf die Drehbank. »Ach wenn mirs nur gruselte!«, sprach er. »Aber hier werde ichs auch nicht lernen.« Gegen Mitternacht wollte er sich sein Feuer einmal aufschüren. Wie er so hineinblies, da schrie's plötzlich aus einer Ecke: »Au, miau! Was uns friert!«

»Ihr Narren«, rief er, »was schreit ihr? Wenn euch friert, kommt, setzt euch ans Feuer und wärmt euch.«

Und wie er das gesagt hatte, kamen zwei große schwarze Katzen in einem gewaltigen Sprunge herbei, setzten sich ihm zu beiden Seiten und sahen ihn mit ihren feurigen Augen ganz wild an. Über ein Weilchen, als sie sich gewärmt hatten, sprachen sie: »Kamerad, wollen wir Karten spielen?«

»Warum nicht«, antwortete er. »Aber zeigt einmal eure Pfoten her!« Da streckten sie die Krallen aus. »Ei«, sagte er, »was habt ihr lange

Nägel! Wartet, die muss ich euch erst abschneiden.« Damit packte er sie beim Kragen, hob sie auf die Schnitzbank und schraubte ihnen die Pfoten fest. »Euch habe ich auf die Finger gesehen«, sprach er, »da vergeht mir die Lust zum Kartenspiel«, schlug sie tot und warf sie hinaus ins Wasser.

Als er aber die zwei zur Ruhe gebracht hatte und sich wieder zu seinem Feuer setzen wollte, da kamen aus allen Ecken und Enden schwarze Katzen und schwarze Hunde an glühenden Ketten, immer mehr und mehr, vor denen er sich nicht verstecken konnte, die schrien gräulich, traten ihm auf sein Feuer, zerrten es auseinander und wollten es ausmachen. Das sah er ein Weilchen ruhig mit an, als es ihm aber zu arg ward, fasste er sein Schnitzmesser und rief: »Fort mit dir, du Gesindel«, und haute auf sie los. Ein Teil sprang weg, die andern schlug er tot und warf sie hinaus in den Teich.

Als er wiedergekommen war, blies er aus den Funken sein Feuer frisch an und wärmte sich. Und als er so saß, wollten ihm die Augen nicht länger offen bleiben, und er bekam Lust zu schlafen. Da blickte er um sich und sah in der Ecke ein großes Bett.
»Das ist mir eben recht«, sprach er und legte sich hinein. Als er aber die Augen zutun wollte, so fing das Bett von selbst an zu fahren und fuhr im ganzen Schloss herum. »Recht so«, sprach er, »nur besser zu.« Da rollte das Bett fort, als wären sechs Pferde vorgespannt, über Schwellen und Treppen auf und ab: Auf einmal, hopp, hopp! warf es um, das Unterste zuoberst, dass es wie ein Berg auf ihm lag. Aber er schleuderte Decken

und Kissen in die Höhe, stieg heraus und sagte: »Nun mag fahren, wer Lust hat«, legte sich an sein Feuer und schlief, bis es Tag war.

Am Morgen kam der König, und als er ihn da auf der Erde liegen sah, meinte er, die Gespenster hätten ihn umgebracht und er wäre tot. Da sprach er: »Es ist doch schade um den schönen Menschen.«

Das hörte der Junge, richtete sich auf und sprach: »So weit ists noch nicht!« Da verwunderte sich der König, freute sich aber und fragte, wie es ihm gegangen wäre. »Recht gut«, antwortete er. »Eine Nacht wäre herum, die zwei andern werden auch herumgehen.«

Als er zum Wirt kam, da machte der große Augen. »Ich dachte nicht«, sprach er, »dass ich dich wieder lebendig sehen würde. Hast du nun gelernt, was Gruseln ist?«

»Nein«, sagte er, »es ist alles vergeblich. Wenn mirs nur einer sagen könnte!«

Die zweite Nacht ging er abermals hinauf ins alte Schloss, setzte sich zum Feuer und fing sein altes Lied wieder an: »Wenn mirs nur gruselte!«

Wie Mitternacht herankam, ließ sich ein Lärm und Gepolter hören, erst sachte, dann immer stärker, dann wars ein bisschen still, endlich kam mit lautem Geschrei ein halber Mensch den Schornstein herab und fiel vor ihn hin. »Heda!«, rief er. »Noch ein halber gehört dazu, das ist zu wenig.« Da fing der Lärm von frischem an, es tobte und heulte und fiel die andere Hälfte auch herab. »Wart«, sprach er, »ich will dir erst das Feuer ein wenig anblasen.« Wie er das getan hatte und sich wieder umsah, da waren die beiden Stücke zusammengefahren und saß da ein gräulicher Mann auf seinem Platz. »So haben wir nicht gewettet«, sprach der Junge, »die Bank ist mein.« Der Mann wollte ihn wegdrängen, aber der Junge ließ sichs nicht gefallen, schob ihn mit Gewalt weg und setzte sich wieder auf seinen Platz. Da fielen noch mehr Männer herab, einer nach dem andern, die holten neun Totenbeine und zwei Totenköpfe, setzten auf und spielten Kegel. Der Junge bekam auch Lust und fragte: »Hört ihr, kann ich mitspielen?«

»Ja, wenn du Geld hast.«

»Geld genug«,
antwortete er.
»Aber eure Kugeln
sind nicht recht rund.«
Da nahm er die Totenköpfe,
setzte sie in die Drehbank und drehte
sie rund. »So, jetzt werden sie besser
schüppeln«, sprach er. »Heida, nun gehts lustig!«
Er spielte mit und verlor etwas von seinem Geld, als
es aber zwölf Uhr schlug, war alles vor seinen Augen
verschwunden. Er legte sich nieder und schlief ruhig ein.
Am andern Morgen kam der König und wollte sich erkundigen.
»Wie ist dirs diesmal gegangen?«, fragte er.
»Ich habe gekegelt«, antwortete er, »und ein paar Heller verloren.«
»Hat dir denn nicht gegruselt?«
»Ei was«, sprach er, »lustig hab ich mich gemacht. Wenn ich nur
wüsste, was Gruseln wäre.«
In der dritten Nacht setzte er sich wieder auf seine Bank und sprach
ganz verdrießlich: »Wenn es mir nur gruselte!«
Als es spät ward, kamen sechs große Männer und brachten eine
Totenlade hereingetragen. Da sprach er:
»Haha, das ist gewiss mein Vetterchen, das erst vor ein paar Tagen
gestorben ist«, winkte mit dem Finger und rief: »Komm, Vetterchen,
komm!«

Sie stellten den Sarg auf die Erde, er aber ging hinzu und nahm den Deckel ab: Da lag ein toter Mann darin. Er fühlte ihm ans Gesicht, aber es war kalt wie Eis. »Wart«, sprach er, »ich will dich ein bisschen wärmen«, ging ans Feuer, wärmte seine Hand und legte sie ihm aufs Gesicht, aber der Tote blieb kalt. Nun nahm er ihn heraus, setzte sich ans Feuer und legte ihn auf seinen Schoß und rieb ihm die Arme, damit das Blut wieder in Bewegung kommen sollte. Als auch das nichts helfen wollte, fiel ihm ein: Wenn zwei zusammen im Bett liegen, so wärmen sie sich, brachte ihn ins Bett, deckte ihn zu und legte sich neben ihn. Über ein Weilchen ward auch der Tote warm und fing an, sich zu regen. Da sprach der Junge: »Siehst du, Vetterchen, hätt' ich dich nicht gewärmt!«

Der Tote aber hob an und rief: »Jetzt will ich dich erwürgen.«

»Was«, sagte er, »ist das mein Dank? Gleich sollst du wieder in deinen Sarg«, hob ihn auf, warf ihn hinein und machte den Deckel zu; da kamen die sechs Männer und trugen ihn wieder fort. »Es will mir nicht gruseln«, sagte er. »Hier lerne ichs mein Lebtag nicht.«

Da trat ein Mann herein, der war größer als alle anderen und sah fürchterlich aus; er war aber alt und hatte einen langen weißen Bart. »O du Wicht«, rief er, »nun sollst du bald lernen, was Gruseln ist, denn du sollst sterben.«

»Nicht so schnell«, antwortete der Junge. »Soll ich sterben, so muss ich auch dabei sein.«

»Dich will ich schon packen«, sprach der Unhold.

»Sachte, sachte, mach dich nicht so breit. So stark wie du bin ich auch, und wohl noch stärker.«

»Das wollen wir sehn«, sprach der Alte. »Bist du stärker als ich, so will ich dich gehn lassen. Komm, wir wollens versuchen.« Da führte er ihn durch dunkle Gänge zu einem Schmiedefeuer, nahm eine Axt und schlug den einen Amboss mit einem Schlag in die Erde.

»Das kann ich noch besser«, sprach der Junge und ging zu dem andern Amboss; der Alte stellte sich nebenhin und wollte zusehen, und sein weißer Bart hing herab. Da fasste der Junge die Axt, spaltete den Amboss auf einen Hieb und klemmte den Bart des Alten mit hinein.

»Nun hab ich dich«, sprach der Junge, »jetzt ist das Sterben an dir.« Dann fasste er eine Eisenstange und schlug auf den Alten los, bis er wimmerte und bat, er möchte aufhören, er wollte ihm große Reichtümer geben. Der Junge zog die Axt raus und ließ ihn los.

Der Alte führte ihn wieder ins Schloss zurück und zeigte ihm in einem Keller drei Kasten voll Gold. »Davon«, sprach er, »ist ein Teil den Armen, der andere dem König, der dritte dein.«

Indem schlug es zwölfe, und der Geist verschwand, also dass der Junge im Finstern stand. »Ich werde mir doch heraushelfen können«, sprach er, tappte herum, fand den Weg in die Kammer und schlief dort bei seinem Feuer ein.

Am andern Morgen kam der König und sagte: »Nun wirst du gelernt haben, was Gruseln ist!«

»Nein«, antwortete er. »Was ists nur? Mein toter Vetter war da, und ein bärtiger Mann ist gekommen, der hat mir da unten viel Geld gezeigt, aber was Gruseln ist, hat mir keiner gesagt.«

Da sprach der König: »Du hast das Schloss erlöst und sollst meine Tochter heiraten.«

»Das ist alles recht gut«, antwortete er, »aber ich weiß noch immer nicht, was Gruseln ist.«

Da ward das Gold heraufgebracht und die Hochzeit gefeiert, aber der junge König, so lieb er seine Gemahlin hatte und so vergnügt er war, sagte doch immer: »Wenn mir nur gruselte, wenn mir nur gruselte.«

Das verdross sie endlich.

Ihr Kammermädchen sprach:

»Ich will Hilfe schaffen, das Gruseln soll er schon lernen.«

Sie ging hinaus zum Bach, der durch den Garten floss, und ließ sich einen ganzen Eimer voll Gründlinge holen.

Nachts, als der junge König schlief, musste seine Gemahlin ihm die Decke wegziehen und den Eimer voll kalt Wasser mit den Gründlingen über ihn herschütten, dass die kleinen Fische um ihn

herumzappelten. Da wachte er auf und rief: »Ach was gruselt mir, was gruselt mir, liebe Frau!
Ja, nun weiß ich, was Gruseln ist.«

Der Froschkönig
oder Der eiserne Heinrich

In den alten Zeiten, wo das Wünschen noch geholfen hat, lebte ein König, dessen Töchter waren alle schön, aber die jüngste war so schön, dass die Sonne selber, die doch so vieles gesehen hat, sich verwunderte, sooft sie ihr ins Gesicht schien. Nahe bei dem Schlosse des Königs lag ein großer, dunkler Wald, und in dem Walde unter einer alten Linde war ein Brunnen. Wenn nun der Tag recht heiß war, so ging das Königskind hinaus in den Wald und setzte sich an den Rand des kühlen Brunnens; und wenn sie Langeweile hatte, so nahm sie eine goldene Kugel, warf sie in die Höhe und fing sie wieder; und das war ihr liebstes Spielwerk.

Nun trug es sich einmal zu, dass die goldene Kugel der Königstochter nicht in ihr Händchen fiel, das sie in die Höhe gehalten hatte, sondern vorbei auf die Erde schlug und geradezu ins Wasser hineinrollte. Die Königstochter folgte ihr mit den Augen nach, aber die Kugel verschwand, und der Brunnen war tief, so tief, dass man keinen Grund sah. Da fing sie an zu weinen und weinte immer lauter und konnte sich gar nicht trösten. Und wie sie so klagte, rief ihr jemand zu: »Was hast du vor, Königstochter? Du schreist ja, dass sich ein Stein erbarmen möchte.«

Sie sah sich um, woher die Stimme käme, da erblickte sie einen Frosch, der seinen dicken, hässlichen Kopf aus dem Wasser streckte.

»Ach, du bists, alter Wasserpatscher«, sagte sie. »Ich weine über meine goldene Kugel, die mir in den Brunnen hinabgefallen ist.«

»Sei still und weine nicht«, antwortete der Frosch, »ich kann wohl Rat schaffen. Aber was gibst du mir, wenn ich dein Spielwerk wieder heraufhole?«

»Was du haben willst, lieber Frosch«, sagte sie, »meine Kleider, meine Perlen und Edelsteine, auch noch die goldene Krone, die ich trage.«

Der Frosch antwortete: »Deine Kleider, deine Perlen und Edelsteine und deine goldene Krone, die mag ich nicht; aber wenn du mich lieb haben willst und ich soll dein Geselle und Spielkamerad sein, an deinem Tischlein neben dir sitzen, von deinem goldenen Tellerlein essen, aus deinem Becherlein trinken, in deinem Bettlein schlafen: Wenn du mir das versprichst, so will ich hinuntersteigen und dir die goldene Kugel wieder heraufholen.«

»Ach ja«, sagte sie, »ich verspreche dir alles, was du willst, wenn du mir nur die Kugel wiederbringst.« Sie dachte aber: Was der einfältige Frosch schwätzt! Der sitzt im Wasser bei seinesgleichen und quakt und kann keines Menschen Geselle sein.

Der Frosch, als er die Zusage erhalten hatte, tauchte seinen Kopf unter, sank hinab, und über ein Weilchen kam er wieder heraufgerudert, hatte die Kugel im Maul und warf sie ins Gras. Die Königstochter war voll Freude, als sie ihr schönes Spielwerk wieder erblickte, hob es auf und sprang damit fort.

»Warte, warte«, rief der Frosch, »nimm mich mit! Ich kann nicht so laufen wie du.« Aber was half ihm, dass er ihr sein Quak-quak so laut nachschrie, als er konnte! Sie hörte nicht darauf, eilte nach Haus und hatte bald den armen Frosch vergessen, der wieder in seinen Brunnen hinabsteigen musste.

Am andern Tage, als sie mit dem König und allen Hofleuten sich zur Tafel gesetzt hatte und von ihrem goldenen Tellerlein aß, da kam, plitsch-platsch, plitsch-platsch, etwas die Marmortreppe heraufgekrochen, und als es oben angelangt war, klopfte es an der Tür und rief: »Königstochter, jüngste, mach mir auf!«

Sie lief und wollte sehen, wer draußen wäre, als sie aber aufmachte, so saß der Frosch davor. Da warf sie die Tür hastig zu, setzte sich wieder an den Tisch und war ihr ganz angst.

Der König sah wohl, dass ihr das Herz gewaltig klopfte, und sprach: »Mein Kind, was fürchtest du dich? Steht etwa ein Riese vor der Tür und will dich holen?«

»Ach nein«, antwortete sie, »es ist kein Riese, sondern ein garstiger Frosch.«
»Was will der Frosch von dir?«
»Ach lieber Vater, als ich gestern im Wald bei dem Brunnen saß und spielte, da fiel meine goldene Kugel ins Wasser. Und weil ich so weinte, hat sie der Frosch wieder heraufgeholt, und weil er es durchaus verlangte, so versprach ich ihm, er sollte mein Geselle werden. Ich dachte aber nimmermehr, dass er aus seinem Wasser herauskönnte. Nun ist er draußen und will zu mir herein.«
Indem klopfte es zum zweiten Mal und rief:
> »Königstochter, jüngste,
> mach mir auf!
> Weißt du nicht, was gestern
> du zu mir gesagt
> bei dem kühlen Brunnenwasser?
> Königstochter, jüngste,
> mach mir auf!«

Da sagte der König: »Was du versprochen hast, das musst du auch halten. Geh nur und mach ihm auf!«

Sie ging und öffnete die Türe, da hüpfte der Frosch herein, ihr immer auf dem Fuße nach, bis zu ihrem Stuhl. Da saß er und rief: »Heb mich herauf zu dir!«

Sie zauderte, bis es endlich der König befahl. Als der Frosch erst auf dem Stuhl war, wollte er auf den Tisch, und als er da saß, sprach er: »Nun schieb mir dein goldenes Tellerlein näher, damit wir zusammen essen!«

Das tat sie zwar, aber man sah wohl, dass sie's nicht gerne tat. Der Frosch ließ sichs gut schmecken, aber ihr blieb fast jedes Bisslein im Halse.

Endlich sprach er: »Ich habe mich satt gegessen und bin müde. Nun trag mich in dein Kämmerlein und mach dein seiden Bettlein zurecht, da wollen wir uns schlafen legen.«

Die Königstochter fing an zu weinen und fürchtete sich vor dem kalten Frosch, den sie nicht anzurühren getraute und der nun in ihrem schönen, reinen Bettlein schlafen sollte. Der König aber ward zornig und sprach: »Wer dir geholfen hat, als du in der Not warst, den sollst du hernach nicht verachten.«

Da packte sie ihn mit zwei Fingern, trug ihn hinauf und setzte ihn in eine Ecke. Als sie aber im Bett lag, kam er gekrochen und sprach: »Ich bin müde, ich will schlafen so gut wie du. Heb mich herauf, oder ich sags deinem Vater.«

Da ward sie erst bitterböse, holte ihn herauf und warf ihn aus allen Kräften wider die Wand. »Nun wirst du Ruhe haben, du garstiger Frosch!«

Als er aber herabfiel, war er kein Frosch, sondern ein Königssohn mit schönen und freundlichen Augen. Der war nun nach ihres Vaters Willen ihr lieber Geselle und Gemahl.

Da erzählte er ihr, er wäre von einer bösen Hexe verwünscht worden, und niemand hätte ihn aus dem Brunnen erlösen können als sie allein, und morgen wollten sie zusammen in sein Reich gehen.

Dann schliefen sie ein, und am andern Morgen, als die Sonne sie aufweckte, kam ein Wagen herangefahren, mit acht weißen Pferden bespannt, die hatten weiße Straußenfedern auf dem Kopf und gingen in goldenen Ketten, und hinten stand der Diener des jungen Königs, das war der treue Heinrich. Der treue Heinrich hatte sich so betrübt, als sein Herr war in einen Frosch verwandelt worden, dass er drei eiserne Bande hatte um sein Herz legen lassen, damit es ihm nicht vor Weh und Traurigkeit zerspränge. Der Wagen aber sollte den jungen König in sein Reich abholen. Der treue Heinrich hob beide hinein, stellte sich wieder hinten auf und war voller Freude über die Erlösung. Und als sie ein Stück Wegs gefahren waren, hörte der Königssohn, dass es hinter ihm krachte, als wäre etwas zerbrochen.

Da drehte er sich um und rief:
»Heinrich, der Wagen bricht!«
»Nein, Herr, der Wagen nicht,
es ist ein Band von meinem Herzen,
das da lag in großen Schmerzen,
als Ihr in dem Brunnen saßt,
als Ihr eine Fretsche (Frosch) wast (wart).«

Noch einmal und noch einmal krachte es auf dem Weg und der Königssohn meinte immer, der Wagen bräche, und es waren doch nur die Bande, die vom Herzen des treuen Heinrich absprangen, weil sein Herr erlöst und glücklich war.

Die Bienenkönigin

Zwei Königssöhne gingen einmal auf Abenteuer und gerieten in ein wildes, wüstes Leben, sodass sie gar nicht wieder nach Haus kamen. Der jüngste, welcher der Dummling hieß, machte sich auf und suchte seine Brüder. Aber als er sie endlich fand, verspotteten sie ihn, dass er mit seiner Einfalt sich durch die Welt schlagen wollte, und sie zwei könnten nicht durchkommen und wären doch viel klüger.

Sie zogen alle drei miteinander fort und kamen an einen Ameisenhaufen. Die zwei ältesten wollten ihn aufwühlen und sehen, wie die kleinen Ameisen in der Angst herumkröchen und ihre Eier forttrügen, aber der Dummling sagte: »Lasst die Tiere in Frieden! Ich leids nicht, dass ihr sie stört.«

Da gingen sie weiter und kamen an einen See, auf dem schwammen viele, viele Enten. Die zwei Brüder wollten ein paar fangen und braten, aber der Dummling ließ es nicht zu und sprach: »Lasst die Tiere in Frieden! Ich leids nicht, dass ihr sie tötet.«

Endlich kamen sie an ein Bienennest, darin war so viel Honig, dass er am Stamm herunterlief. Die zwei wollten Feuer unter den Baum legen und die Bienen ersticken, damit sie den Honig wegnehmen könnten. Der Dummling hielt sie aber wieder ab und sprach: »Lasst die Tiere in Frieden, ich leids nicht, dass ihr sie verbrennt.«

Endlich kamen die drei Brüder in ein Schloss, wo in den Ställen lauter steinerne Pferde standen. Auch war kein Mensch zu sehen, und sie gingen durch alle Säle, bis sie vor eine Tür ganz am Ende kamen, davor hingen drei Schlösser. Es war aber mitten in der Türe ein Lädlein, dadurch konnte man in die Stube sehen. Da sahen sie ein graues Männchen, das an einem Tisch saß. Sie riefen es an, einmal, zweimal, aber es hörte nicht; endlich riefen sie zum dritten Mal, da stand es auf, öffnete die Schlösser und kam heraus. Er sprach aber kein Wort,

sondern führte sie zu einem reich besetzten Tisch; und als sie gegessen und getrunken hatten, brachte es einen jeglichen in sein eigenes Schlafgemach.

Am andern Morgen kam das graue Männchen zu dem Ältesten, winkte und leitete ihn zu einer steinernen Tafel, darauf standen drei Aufgaben geschrieben, wodurch das Schloss erlöst werden könnte. Die erste war: In dem Wald unter dem Moos lagen die Perlen der Königstochter, tausend an der Zahl, die mussten aufgesammelt werden, und wenn vor Sonnenuntergang noch eine einzige fehlte, so ward der, welcher gesucht hatte, zu Stein.

Der Älteste ging hin und suchte den ganzen Tag. Als aber der Tag zu Ende war, hatte er erst hundert gefunden. Es geschah, wie auf der Tafel stand – er ward in Stein verwandelt.

Am folgenden Tag unternahm der zweite Bruder das Abenteuer. Es ging ihm aber nicht viel besser als dem ältesten. Er fand nicht mehr als zweihundert Perlen und ward zu Stein.

Endlich kam auch der Dummling an die Reihe, der suchte im Moor. Es war aber so schwer, die Perlen zu finden, und ging so langsam. Da setzte er sich auf einen Stein und weinte. Und wie er so saß, kam der Ameisenkönig, dem er einmal das Leben erhalten hatte, mit fünftausend Ameisen, und es währte gar nicht lange, so hatten die kleinen Tiere die Perlen miteinander gefunden und auf einen Haufen getragen.

Die zweite Aufgabe aber war, den Schlüssel zu der Schlafkammer der Königstochter aus dem See zu holen. Wie der Dummling zum See kam, schwammen die Enten, die er einmal gerettet hatte, heran, tauchten unter und holten den Schlüssel aus der Tiefe.

Die dritte Aufgabe aber war die schwerste. Aus den drei schlafenden Töchtern des Königs sollte die jüngste und die liebste herausgesucht werden. Sie glichen sich aber vollkommen und waren durch nichts verschieden, als dass sie, bevor sie eingeschlafen waren, verschiedene Süßigkeiten gegessen hatten: Die älteste ein Stück Zucker, die zweite ein wenig Sirup, die jüngste einen Löffel voll Honig. Da kam die

Bienenkönigin von den Bienen, die der Dummling vor dem Feuer geschützt hatte, und versuchte den Mund von allen dreien. Zuletzt blieb sie auf dem Mund sitzen, der Honig gegessen hatte, und so erkannte der Königssohn die rechte.

Da war der Zauber vorbei, alles war aus dem Schlaf erlöst, und wer von Stein war, erhielt seine menschliche Gestalt wieder. Und der Dummling vermählte sich mit der jüngsten und liebsten Königstochter und ward König nach ihres Vaters Tod; seine zwei Brüder aber erhielten die beiden andern Schwestern.

Rotkäppchen

Es war einmal ein kleines süßes Mädchen, das hatte jedermann lieb, der es nur ansah, am allerliebsten aber seine Großmutter. Die wusste gar nicht, was sie alles dem Kinde geben sollte. Einmal schenkte sie ihm ein Käppchen von rotem Sammet, und weil ihm das so wohl stand und es nichts anderes mehr tragen wollte, hieß es nur das Rotkäppchen. Eines Tages sprach seine Mutter zu ihm:
»Komm, Rotkäppchen, da hast du ein Stück Kuchen und eine Flasche Wein. Bring das der Großmutter hinaus; sie ist krank und schwach und wird sich daran laben. Mach dich auf, bevor es heiß wird. Und wenn du hinauskommst, so geh hübsch sittsam und lauf nicht vom Weg ab, sonst fällst du und zerbrichst das Glas, und die Großmutter hat nichts. Und wenn du in ihre Stube kommst, so vergiss nicht, Guten Morgen zu sagen, und guck nicht erst in alle Ecken herum.«
»Ich will schon alles gut machen«, sagte Rotkäppchen zur Mutter und gab ihr die Hand darauf.
Die Großmutter aber wohnte draußen im Wald, eine halbe Stunde vom Dorf. Wie nun Rotkäppchen in den Wald kam, begegnete ihm der Wolf. Rotkäppchen aber wusste nicht, was das für ein böses Tier war, und fürchtete sich nicht vor ihm.
»Guten Tag, Rotkäppchen«, sprach er.
»Schönen Dank, Wolf.«
»Wo hinaus so früh, Rotkäppchen?«
»Zur Großmutter.«
»Was trägst du unter der Schürze?«
»Kuchen und Wein. Gestern haben wir gebacken, da soll sich die kranke und schwache Großmutter etwas zugute tun und sich damit stärken.«
»Rotkäppchen, wo wohnt deine Großmutter?«

»Noch eine gute Viertelstunde weiter im Wald, unter den drei großen Eichbäumen, da steht ihr Haus. Unten sind die Nusshecken, das wirst du ja wissen«, sagte Rotkäppchen.

Der Wolf dachte bei sich: »Das junge, zarte Ding, das ist ein fetter Bissen, der wird noch besser schmecken als die Alte. Du musst es listig anfangen, damit du beide erschnappst.«

Da ging er ein Weilchen neben Rotkäppchen her, dann sprach er: »Rotkäppchen, sieh einmal die schönen Blumen, die ringsumher stehen! Warum guckst du dich nicht um? Ich glaube, du hörst gar nicht, wie die Vöglein so lieblich singen? Du gehst ja für dich hin, als wenn du zur Schule gingst, und ist so lustig im Wald zu sein.«

Rotkäppchen schlug die Augen auf, und als es sah, wie die Sonnenstrahlen durch die Bäume hin und her tanzten und alles voll schöner Blumen stand, dachte es:

»Wenn ich der Großmutter einen frischen Strauß mitbringe, der wird ihr auch Freude machen! Es ist so früh am Tag, dass ich doch zu rechter Zeit ankomme«, lief vom Wege ab in den Wald hinein und suchte Blumen. Und wenn es eine gebrochen hatte, meinte es, weiter hinaus stände eine schönere, und lief darnach, und geriet immer tiefer in den Wald hinein.

Der Wolf aber ging geradeswegs nach dem Haus der Großmutter und klopfte an die Türe.

»Wer ist draußen?«

»Rotkäppchen, das bringt Kuchen und Wein. Mach auf!«

»Drück nur auf die Klinke«, rief die Großmutter, »ich bin zu schwach und kann nicht aufstehen.«

Der Wolf drückte auf die Klinke, die Türe sprang auf, und er ging ohne ein Wort zu sprechen gerade zum Bett der Großmutter und verschluckte sie. Dann tat er ihre Kleider an, setzte ihre Haube auf, legte sich in ihr Bett und zog die Vorhänge vor.

Rotkäppchen aber war nach den Blumen herumgelaufen, und als es so viel zusammen hatte, dass es keine mehr tragen konnte, fiel ihm die Großmutter wieder ein, und es machte sich auf den Weg zu ihr. Es wunderte sich, dass die Türe aufstand, und wie es in die Stube trat, so kam es ihm so seltsam darin vor, dass es dachte:

»Ei, du mein Gott, wie ängstlich wird mirs heute zumut, und bin sonst so gerne bei der Großmutter!«

Es rief »Guten Morgen«, bekam aber keine Antwort. Darauf ging es zum Bett und zog die Vorhänge zurück. Da lag die Großmutter und hatte die Haube tief ins Gesicht gesetzt und sah so wunderlich aus.

»Ei, Großmutter, was hast du für große Ohren!«

»Dass ich dich besser hören kann.«

»Ei, Großmutter, was hast du für große Augen!«

»Dass ich dich besser sehen kann.«

»Ei, Großmutter, was hast du für große Hände!«

»Dass ich dich besser packen kann.«

»Aber, Großmutter, was hast du für ein entsetzlich großes Maul!«
»Dass ich dich besser fressen kann!«
Kaum hatte der Wolf das gesagt, so tat er einen Satz aus dem Bette und verschlang das arme Rotkäppchen.
Wie der Wolf sein Gelüsten gestillt hatte, legte er sich wieder ins Bett, schlief ein und fing an, überlaut zu schnarchen.

Der Jäger ging eben an dem Haus vorbei und dachte: »Wie die alte Frau schnarcht! Du musst doch sehen, ob ihr etwas fehlt.«

Da trat er in die Stube, und wie er vor das Bett kam, so sah er, dass der Wolf darin lag. »Finde ich dich hier, du alter Sünder«, sagte er. »Ich habe dich lange gesucht.«

Nun wollte er seine Büchse anlegen, da fiel ihm ein, der Wolf könnte die Großmutter gefressen haben und sie wäre noch zu retten – schoss nicht, sondern nahm eine Schere und fing an, dem schlafenden Wolf den Bauch aufzuschneiden.

Wie er ein paar Schnitte getan hatte, da sah er das rote Käppchen leuchten, und noch ein paar Schnitte, da sprang das Mädchen heraus und rief: »Ach, wie war ich erschrocken, wie wars so dunkel in dem Wolf seinem Leib!«

Und dann kam die alte Großmutter auch noch lebendig heraus und konnte kaum atmen. Rotkäppchen aber holte geschwind große Steine, damit füllten sie dem Wolf den Leib. Und wie er aufwachte, wollte er fortspringen, aber die Steine waren so schwer, dass er gleich niedersank und sich totfiel.

Da waren alle drei vergnügt. Der Jäger zog dem Wolf den Pelz ab und ging damit heim, die Großmutter aß den Kuchen und trank den Wein, den Rotkäppchen gebracht hatte, und erholte sich wieder. Rotkäppchen aber dachte: »Du willst dein Lebtag nicht wieder allein vom Wege ab in den Wald laufen, wenn dirs die Mutter verboten hat.«

Es wird auch erzählt, dass einmal, als Rotkäppchen der alten Großmutter wieder Gebackenes brachte, ein anderer Wolf ihm zugesprochen und es vom Wege habe ableiten wollen. Rotkäppchen aber hütete sich und ging gerade fort seines Wegs und sagte der Großmutter, dass es dem Wolf begegnet wäre, der ihm Guten Tag gewünscht, aber so bös aus den Augen geguckt hätte: »Wenns nicht auf offner Straße gewesen wäre, er hätte mich gefressen.«

»Komm«, sagte die Großmutter, »wir wollen die Türe verschließen, dass er nicht hereinkann.«
Bald darnach klopfte der Wolf an und rief: »Mach auf, Großmutter! Ich bin das Rotkäppchen, ich bring dir Gebackenes.«
Sie schwiegen aber still und machten die Türe nicht auf. Da schlich der Graukopf etliche Mal um das Haus, sprang endlich aufs Dach und wollte warten, bis Rotkäppchen abends nach Haus ginge. Dann wollte er ihm nachschleichen und wollts in der Dunkelheit fressen. Aber die Großmutter merkte, was er im Sinn hatte.
Nun stand vor dem Haus ein großer Steintrog. Da sprach sie zu dem Kind: »Nimm den Eimer, Rotkäppchen, gestern hab ich Würste gekocht, da trag das Wasser, worin sie gekocht sind, in den Trog.« Rotkäppchen trug so lange, bis der große, große Trog ganz voll war. Da stieg der Geruch von den Würsten dem Wolf in die Nase. Er schnupperte und guckte hinab, endlich machte er den Hals so lang, dass er sich nicht mehr halten konnte und anfing zu rutschen. So rutschte er vom Dach herab gerade in den großen Trog hinein – und ertrank. Rotkäppchen aber ging fröhlich nach Haus, und tat ihm niemand etwas zuleide.

Schneewittchen

Es war einmal mitten im Winter, und die Schneeflocken fielen wie Federn vom Himmel herab, da saß eine Königin an einem Fenster, das einen Rahmen von schwarzem Ebenholz hatte, und nähte. Und wie sie so nähte und nach dem Schnee aufblickte, stach sie sich mit der Nadel in den Finger, und es fielen drei Tropfen Blut in den Schnee. Und weil das Rote im weißen Schnee so schön aussah, dachte sie bei sich: »Hätt ich ein Kind so weiß wie Schnee, so rot wie Blut und so schwarz wie das Holz an dem Rahmen.«

Bald darauf bekam sie ein Töchterlein, das war so weiß wie Schnee, so rot wie Blut und so schwarzhaarig wie Ebenholz, und ward darum das Schneewittchen (Schneeweißchen) genannt. Und wie das Kind geboren war, starb die Königin.

Über ein Jahr nahm sich der König eine andere Gemahlin. Es war eine schöne Frau, aber sie war stolz und übermütig und konnte nicht leiden, dass sie an Schönheit von jemand sollte übertroffen werden. Sie hatte einen wunderbaren Spiegel. Wenn sie vor den trat und sich darin beschaute, sprach sie:

»Spieglein, Spieglein an der Wand,
wer ist die Schönste im ganzen Land?«

So antwortete der Spiegel:

»Frau Königin, Ihr seid die Schönste im Land.«

Da war sie zufrieden, denn sie wusste, dass der Spiegel die Wahrheit sagte. Schneewittchen aber wuchs heran und wurde immer schöner, und als es sieben Jahr alt war, war es so schön wie der klare Tag und schöner als die Königin selbst. Als diese einmal ihren Spiegel fragte:

»Spieglein, Spieglein an der Wand,
wer ist die Schönste im ganzen Land?«,

so antwortete er:

»Frau Königin, Ihr seid die Schönste hier,
aber Schneewittchen ist tausendmal schöner als Ihr.«

Da erschrak die Königin und ward gelb und grün vor Neid. Von Stund an, wenn sie Schneewittchen erblickte, kehrte sich ihr das Herz im Leibe herum, so hasste sie das Mädchen. Und der Neid und Hochmut wuchsen wie ein Unkraut in ihrem Herzen immer höher, dass sie Tag und Nacht keine Ruhe mehr hatte.

Da rief sie einen Jäger und sprach: »Bring das Kind hinaus in den Wald, ich wills nicht mehr vor meinen Augen sehen. Du sollst es töten und mir Lunge und Leber zum Wahrzeichen mitbringen.«

Der Jäger gehorchte und führte es hinaus, und als er den Hirschfänger gezogen hatte und Schneewittchens unschuldiges Herz durchbohren wollte, fing es an zu weinen und sprach: »Ach, lieber Jäger, lass mir mein Leben; ich will in den wilden Wald laufen und nimmermehr wieder heimkommen.«

Und weil es so schön war, hatte der Jäger Mitleid und sprach: »So lauf hin, du armes Kind.« Die wilden Tiere werden dich bald gefressen haben, dachte er, und doch wars ihm, als wär ein Stein von seinem Herzen gewälzt, weil er es nicht zu töten brauchte. Und als gerade ein junger Frischling dahergesprungen kam, stach er ihn ab, nahm Lunge und Leber heraus und brachte sie als Wahrzeichen der Königin mit. Der Koch musste sie in Salz kochen, und das boshafte Weib aß sie auf und meinte, sie hätte Schneewittchens Lunge und Leber gegessen.

Nun war das arme Kind in dem großen Wald mutterseelig allein, und ward ihm so angst, dass es alle Blätter an den Bäumen ansah und nicht wusste, wie es sich helfen sollte. Da fing es an zu laufen und lief über die spitzen Steine und durch die Dornen, und die wilden Tiere sprangen an ihm vorbei, aber sie taten ihm nichts.

Es lief, solange nur die Füße noch fort konnten, bis es bald Abend werden wollte, da sah es ein kleines Häuschen und ging hinein, sich zu ruhen. In dem Häuschen war alles klein, aber so zierlich und reinlich, dass es nicht zu sagen ist. Da stand ein weiß gedecktes Tischlein mit sieben kleinen Tellern, jedes Tellerlein mit seinem Löffelein, ferner sieben Messerlein und Gäblein und sieben Becherlein. An der Wand waren sieben Bettlein nebeneinander aufgestellt und schneeweiße

Laken darüber gedeckt. Schneewittchen, weil es so hungrig und durstig war, aß von jedem Tellerlein ein wenig Gemüs und Brot und trank aus jedem Becherlein einen Tropfen Wein, denn es wollte nicht einem allein alles wegnehmen. Hernach, weil es so müde war, legte es sich in ein Bettchen, aber keins passte. Das eine war zu lang, das andere zu kurz, bis endlich das siebente recht war; und darin blieb es liegen, befahl sich Gott und schlief ein.

Als es ganz dunkel geworden war, kamen die Herren von dem Häuslein, das waren die sieben Zwerge, die in den Bergen nach Erz hackten und gruben. Sie zündeten ihre sieben Lichtlein an, und wie es nun hell im Häuslein ward, sahen sie, dass jemand darin gewesen war, denn es stand nicht alles so in der Ordnung, wie sie es verlassen hatten.

Der erste sprach: »Wer hat auf meinem Stühlchen gesessen?«
Der zweite: »Wer hat von meinem Tellerchen gegessen?«
Der dritte: »Wer hat von meinem Brötchen genommen?«
Der vierte: »Wer hat von meinem Gemüschen gegessen?«
Der fünfte: »Wer hat mit meinem Gäbelchen gestochen?«
Der sechste: »Wer hat mit meinem Messerchen geschnitten?«
Der siebente: »Wer hat aus meinem Becherlein getrunken?«
Dann sah sich der erste um und sah, dass auf seinem Bett eine kleine Delle war. Da sprach er: »Wer hat in meinem Bettchen gelegen?«
Die andern kamen gelaufen und riefen: »In meinem hat auch jemand gelegen.«
Der siebente aber, als er in sein Bett sah, erblickte Schneewittchen, das lag darin und schlief. Nun rief er die andern, die kamen herbeigelaufen und schrien vor Verwunderung, holten ihre sieben Lichtlein und beleuchteten Schneewittchen.

»Ei, du mein Gott! Ei, du mein Gott!«, riefen sie. »Was ist das Kind so schön!« Und hatten so große Freude, dass sie es nicht aufweckten, sondern im Bettlein fortschlafen ließen. Der siebente Zwerg aber schlief bei seinen Gesellen, bei jedem eine Stunde, da war die Nacht herum.

Als es Morgen war, erwachte Schneewittchen, und wie es die sieben Zwerge sah, erschrak es. Sie waren aber freundlich und fragten:

»Wie heißt du?«

»Ich heiße Schneewittchen«, antwortete es.

»Wie bist du in unser Haus gekommen?«, sprachen weiter die Zwerge. Da erzählte es ihnen, dass seine Stiefmutter es hätte wollen umbringen lassen, der Jäger hätte ihm aber das Leben geschenkt, und da wär es gelaufen den ganzen Tag, bis es endlich ihr Häuslein gefunden hätte.

Die Zwerge sprachen: »Willst du unsern Haushalt versehen, kochen, betten, waschen, nähen und stricken, und willst du alles ordentlich und reinlich halten, so kannst du bei uns bleiben, und es soll dir an nichts fehlen.«

»Ja«, sagte Schneewittchen, »von Herzen gern«, und blieb bei ihnen. Es hielt ihnen das Haus in Ordnung; morgens gingen sie in die Berge und suchten Erz und Gold, abends kamen sie wieder, und da musste ihr Essen bereit sein.

Den Tag über war das Mädchen allein. Da warnten es die guten Zwerglein und sprachen: »Hüte dich vor deiner Stiefmutter, die wird bald wissen, dass du hier bist. Lass ja niemand herein!«

Die Königin aber, nachdem sie Schneewittchens Lunge und Leber glaubte gegessen zu haben, dachte nicht anders, als sie wäre wieder die Erste und Allerschönste, trat vor ihren Spiegel und sprach:

»Spieglein, Spieglein an der Wand,
wer ist die Schönste im ganzen Land?«

Da antwortete der Spiegel:
> »Frau Königin, Ihr seid die Schönste hier,
> aber Schneewittchen über den Bergen
> bei den sieben Zwergen
> ist noch tausendmal schöner als Ihr.«

Da erschrak sie, denn sie wusste, dass der Spiegel keine Unwahrheit sprach, und merkte, dass der Jäger sie betrogen hatte und Schneewittchen noch am Leben war.

Und da sann und sann sie aufs Neue, wie sie es umbringen wollte; denn solange sie nicht die Schönste war im ganzen Land, ließ ihr der Neid keine Ruhe. Und als sie sich endlich etwas ausgedacht hatte, färbte sie sich das Gesicht und kleidete sich wie eine alte Krämerin und war ganz unkenntlich.

In dieser Gestalt ging sie über die sieben Berge zu den sieben Zwergen, klopfte an die Türe und rief:
»Schöne Ware feil! feil!«

Schneewittchen guckte zum Fenster heraus und rief: »Guten Tag, liebe Frau, was habt Ihr zu verkaufen?« »Gute Ware, schöne Ware«, antwortete sie. »Schnürriemen von allen Farben«, und holte einen hervor, der aus bunter Seide geflochten war.

»Die ehrliche Frau kann ich hereinlassen«, dachte Schneewittchen, riegelte die Türe auf und kaufte sich den hübschen Schnürriemen. »Kind«, sprach die Alte, »wie du aussiehst! Komm, ich will dich einmal ordentlich schnüren.« Schneewittchen hatte kein Arg, stellte sich vor sie und ließ sich mit dem neuen Schnürriemen schnüren; aber die Alte schnürte geschwind und schnürte so fest, dass dem Schneewittchen der Atem verging und es für tot hinfiel. »Nun bist du die Schönste gewesen«, sprach sie und eilte hinaus.

Nicht lange darauf, zur Abendzeit, kamen die sieben Zwerge nach Haus, aber wie erschraken sie, als sie ihr liebes Schneewittchen auf der Erde liegen sahen; und es regte und bewegte sich nicht, als wäre es tot. Sie hoben es in die Höhe, und weil sie sahen, dass es zu fest geschnürt war, schnitten sie den Schnürriemen entzwei: Da fing es an, ein wenig zu atmen, und ward nach und nach wieder lebendig.

Als die Zwerge hörten, was geschehen war, sprachen sie: »Die alte Krämerfrau war niemand als die gottlose Königin! Hüte dich und lass keinen Menschen herein, wenn wir nicht bei dir sind.«

Das böse Weib aber, als es nach Haus gekommen war, ging vor den Spiegel und fragte:

»Spieglein, Spieglein an der Wand,
wer ist die Schönste im ganzen Land?«

Da antwortete er wie sonst:

»Frau Königin, Ihr seid die Schönste hier,
aber Schneewittchen über den Bergen
bei den sieben Zwergen
ist noch tausendmal schöner als Ihr.«

Als sie das hörte, lief ihr alles Blut zum Herzen, so erschrak sie, denn sie sah wohl, dass Schneewittchen wieder lebendig geworden war. »Nun aber«, sprach sie, »will ich etwas aussinnen, das dich zugrunde richten soll!« Und mit Hexenkünsten, die sie verstand, machte sie einen giftigen Kamm. Dann verkleidete sie sich und nahm die Gestalt eines andern alten Weibes an.

So ging sie hin über die sieben Berge zu den sieben Zwergen, klopfte an die Türe und rief: »Gute Ware feil! feil!«

Schneewittchen schaute heraus und sprach: »Geht nur weiter, ich darf niemand hereinlassen.«

»Das Ansehen wird dir doch erlaubt sein«, sprach die Alte, zog den giftigen Kamm heraus und hielt ihn in die Höhe.

Da gefiel er dem Kinde so gut, dass es sich betören ließ und die Türe öffnete.

Als sie des Kaufs einig waren, sprach die Alte: »Nun will ich dich einmal ordentlich kämmen.«

Das arme Schneewittchen dachte an nichts und ließ die Alte gewähren, aber kaum hatte sie den Kamm in die Haare gesteckt, als das Gift darin wirkte und das Mädchen ohne Besinnung niederfiel.

»Du Ausbund von Schönheit«, sprach das boshafte Weib, »jetzt ists um dich geschehen«, und ging fort.

Zum Glück aber war es bald Abend, wo die sieben Zwerglein nach Haus kamen. Als sie Schneewittchen wie tot auf der Erde liegen sahen, hatten sie gleich die Stiefmutter in Verdacht, suchten nach und fanden den giftigen Kamm, und kaum hatten sie ihn herausgezogen, so kam

Schneewittchen wieder zu sich und erzählte, was vorgegangen war. Da warnten sie es noch einmal, auf seiner Hut zu sein und niemand die Türe zu öffnen. Die Königin stellte sich daheim vor den Spiegel und sprach:

> »Spieglein, Spieglein an der Wand,
> wer ist die Schönste im ganzen Land?«

Da antwortete er wie vorher:

> »Frau Königin, Ihr seid die Schönste hier,
> aber Schneewittchen über den Bergen
> bei den sieben Zwergen
> ist doch noch tausendmal schöner als Ihr.«

Als sie den Spiegel so reden hörte, zitterte und bebte sie vor Zorn. »Schneewittchen soll sterben«, rief sie, »und wenn es mein eignes Leben kostet.« Darauf ging sie in eine ganz verborgene einsame Kammer, wo niemand hinkam, und machte da einen giftigen, giftigen Apfel. Äußerlich sah er schön aus, weiß mit roten Backen, dass jeder, der ihn erblickte, Lust danach bekam, aber wer ein Stückchen davon aß, der musste sterben.

Als der Apfel fertig war, färbte sie sich das Gesicht und verkleidete sich in eine Bauersfrau, und so ging sie über die sieben Berge zu den sieben Zwergen. Sie klopfte an, Schneewittchen streckte den Kopf zum Fenster heraus und sprach: »Ich darf keinen Menschen einlassen, die sieben Zwerge haben mirs verboten.«

»Mir auch recht«, antwortete die Bäuerin, »meine Äpfel will ich schon loswerden. Da, einen will ich dir schenken.«

»Nein«, sprach Schneewittchen, »ich darf nichts annehmen.«

»Fürchtest du dich vor Gift?«, sprach die Alte. »Siehst du, da schneide ich den Apfel in zwei Teile; die roten Hälfte iss du, die weiße Hälfte will ich essen.«

Der Apfel war aber so künstlich gemacht, dass die rote Hälfte allein vergiftet war. Schneewittchen sah den schönen Apfel an, und als es sah, dass die Bäuerin davon aß, so konnte es nicht länger widerstehen, streckte die Hand hinaus und nahm die giftige Hälfte. Kaum aber hatte es einen Bissen davon im Mund, so fiel es tot zur Erde nieder.

Da betrachtete es die Königin mit grausigen Blicken und lachte überlaut und sprach: »Weiß wie Schnee, rot wie Blut, schwarz wie Ebenholz! Diesmal können dich die Zwerge nicht wieder erwecken.«

Und als sie daheim den Spiegel befragte:

»Spieglein, Spieglein an der Wand,
wer ist die Schönste im ganzen Land?«,

so antwortete er endlich:

»Frau Königin, Ihr seid die Schönste im Land.«

Da hatte ihr neidisches Herz Ruhe, so gut ein neidisches Herz Ruhe haben kann. Die Zwerglein, wie sie abends nach Haus kamen, fanden Schneewittchen auf der Erde liegen, und es ging kein Atem mehr aus seinem Mund, und es war tot. Sie hoben es auf, suchten, ob sie was Giftiges fänden, schnürten es auf, kämmten ihm die Haare, wuschen es mit Wasser und Wein, aber es half alles nichts; das liebe Kind war tot und blieb tot. Sie legten es auf eine Bahre und setzten sich alle siebene daran und beweinten es, und weinten drei Tage lang. Da wollten sie es begraben, aber es sah noch so frisch aus wie ein lebender Mensch und hatte noch seine schönen roten Backen. Sie sprachen: »Das können wir nicht in die schwarze Erde versenken«, und ließen einen durchsichtigen Sarg von Glas machen, dass man es von allen Seiten sehen konnte, legten es hinein und schrieben mit goldenen Buchstaben seinen Namen darauf und dass es eine Königstochter wäre. Dann

setzten sie den Sarg hinaus auf den Berg, und einer von ihnen blieb immer dabei und bewachte ihn. Und die Tiere kamen auch und beweinten Schneewittchen, erst eine Eule, dann ein Rabe, zuletzt ein Täubchen.
Nun lag Schneewittchen lange, lange Zeit in dem Sarg und verweste nicht, sondern sah aus, als wenn es schliefe, denn es war noch so weiß

als Schnee, so rot als Blut und so schwarzhaarig wie Ebenholz.
Es geschah aber, dass ein Königssohn in den Wald geriet und zu dem Zwergenhaus kam, da zu übernachten. Er sah auf dem Berg den Sarg und das schöne Schneewittchen darin und las, was mit goldenen Buchstaben darauf geschrieben war.
Da sprach er zu den Zwergen: »Lasst mir den Sarg, ich will euch geben, was ihr dafür haben wollt.«
Aber die Zwerge antworteten: »Wir geben ihn nicht um alles Gold in der Welt.«
Da sprach er: »So schenkt mir ihn, denn ich kann nicht leben, ohne

Schneewittchen zu sehen. Ich will es ehren und hochachten wie mein Liebstes.«

Wie er so sprach, empfanden die guten Zwerglein Mitleid mit ihm und gaben ihm den Sarg. Der Königssohn ließ ihn nun von seinen Dienern auf den Schultern forttragen.

Da geschah es, dass sie über einen Strauch stolperten, und von der Erschütterung fuhr der giftige Apfelbutzen, den Schneewittchen abgebissen hatte, aus dem Hals. Und nicht lange, so öffnete es die Augen, hob den Deckel vom Sarg in die Höhe und richtete sich auf und war wieder lebendig. »Ach Gott, wo bin ich?«, rief es.

Der Königssohn sagte voll Freude: »Du bist bei mir«, und erzählte, was sich zugetragen hatte, und sprach: »Ich habe dich lieber als alles auf der Welt! Komm mit mir in meines Vaters Schloss, du sollst meine Gemahlin werden.«

Da war ihm Schneewittchen gut und ging mit ihm, und ihre Hochzeit ward mit großer Pracht und Herrlichkeit angeordnet.

Zu dem Fest wurde aber auch Schneewittchens gottlose Stiefmutter

eingeladen. Wie sie sich nun mit schönen Kleidern angetan hatte, trat sie vor den Spiegel und sprach:

»Spieglein, Spieglein an der Wand,
wer ist die Schönste im ganzen Land?«

Der Spiegel antwortete:

»Frau Königin, Ihr seid die Schönste hier,
aber die junge Königin ist tausendmal schöner als Ihr.«

Da stieß das böse Weib einen Fluch aus, und ward ihr so angst, so angst, dass sie sich nicht zu lassen wusste. Sie wollte zuerst gar nicht auf die Hochzeit kommen, doch ließ es ihr keine Ruhe, sie musste fort und die junge Königin sehen. Und wie sie hineintrat, erkannte sie Schneewittchen, und vor Angst und Schrecken stand sie da und konnte sich nicht regen. Aber es waren schon eiserne Pantoffeln über Kohlenfeuer gestellt und wurden mit Zangen hereingetragen und vor sie hingestellt. Da musste sie in die rot glühenden Schuhe treten und so lange tanzen, bis sie tot zur Erde fiel.

Jorinde und Joringel

Es war einmal ein altes Schloss mitten in einem großen, dichten Wald, darinnen wohnte eine alte Frau ganz allein, das war eine Erzzauberin. Am Tage machte sie sich zur Katze oder zur Nachteule, des Abends aber wurde sie wieder ordentlich wie ein Mensch gestaltet. Sie konnte das Wild und die Vögel herbeilocken, und dann schlachtete sie, kochte und briet es. Wenn jemand auf hundert Schritte dem Schloss nahe kam, so musste er still stehen und konnte sich nicht von der Stelle bewegen, bis sie ihn lossprach; wenn aber eine keusche Jungfrau in diesen Kreis kam, so verwandelte sie dieselbe in einen Vogel und sperrte sie dann in einen Korb ein und trug den Korb in eine Kammer des Schlosses. Sie hatte wohl siebentausend solcher Körbe mit so raren Vögeln im Schlosse.

Nun war einmal eine Jungfrau, die hieß Jorinde; sie war schöner als alle anderen Mädchen. Die und dann ein gar schöner Jüngling namens Joringel hatten sich zusammen versprochen. Sie waren in den Brauttagen, und sie hatten ihr größtes Vergnügen eins am andern. Damit sie nun erstmal vertraut zusammen reden könnten, gingen sie in den Wald spazieren. »Hüte dich«, sagte Joringel, »dass du nicht so nahe ans Schloss kommst.« Es war ein schöner Abend, die Sonne schien zwischen den Stämmen der Bäume hell ins dunkle Grün des Waldes, und die Turteltaube sang kläglich auf den alten Maibuchen.

Jorinde weinte zuweilen, setzte sich hin im Sonnenschein und klagte; Joringel klagte auch. Sie waren so bestürzt, als wenn sie hätten sterben sollen, sie sahen sich um, waren irre und wussten nicht, wohin sie nach Hause gehen sollten. Noch halb stand die Sonne über dem Berg, und halb war sie unter.

Joringel sah durchs Gebüsch und sah die alte Mauer des Schlosses nah bei sich; er erschrak und wurde todbang. Jorinde sang:
>»Mein Vöglein mit dem Ringlein rot
>singt Leide, Leide, Leide,
>es singt dem Täubelein seinen Tod,
>singt Leide, Lei – zicküth, zicküth, zicküth.«

Joringel sah nach Jorinde. Jorinde war in eine Nachtigall verwandelt, die sang zicküth, zicküth. Eine Nachteule mit glühenden Augen flog dreimal um sie herum und schrie dreimal schu, hu, hu, hu. Joringel konnte sich nicht regen. Er stand da wie ein Stein, konnte nicht weinen, nicht reden, nicht Hand noch Fuß regen.

Nun war die Sonne unter; die Eule flog in einen Strauch, und gleich darauf kam eine alte, krumme Frau aus diesem hervor, gelb und mager: große rote Augen, krumme Nase, die mit der Spitze ans Kinn reichte. Sie murmelte, fing die Nachtigall und trug sie auf der Hand fort. Joringel konnte nichts sagen, nicht von der Stelle kommen; die Nachtigall war fort.

Endlich kam das Weib wieder und sagte mit dumpfer Stimme: »Grüß dich Zachiel, wenns Möndel ins Körbel scheint, bind los Zachiel, zu guter Stund.« Da wurde Joringel los. Er fiel vor dem Weib auf die Knie und bat, sie möchte ihm seine Jorinde wiedergeben, aber sie sagte, er sollte sie nie wiederhaben, und ging fort. Er rief, er weinte, er jammerte, aber alles umsonst. »Oh weh, was soll mir geschehen?«

Joringel ging fort und kam endlich in ein fremdes Dorf, da hütete er die Schafe lange Zeit. Oft ging er rund um das Schloss herum, aber nicht zu nahe dabei.

Endlich träumte er einmal des Nachts, er fände eine blutrote Blume, in deren Mitte eine schöne, große Perle war. Die Blume brach er ab, ging damit zum Schlosse; alles, was er mit der Blume berührte, ward von der Zauberei frei. Auch träumte er, er hätte seine Jorinde dadurch wiederbekommen.

Des Morgens, als er erwachte, fing er an, durch Berg und Tal zu suchen, ob er eine solche Blume fände. Er suchte bis an den neunten

Tag, da fand er die blutrote Blume am Morgen früh. In der Mitte war ein großer Tautropfen, so groß wie die schönste Perle. Diese Blume trug er Tag und Nacht bis zum Schloss. Wie er auf hundert Schritt nahe bis zum Schloss kam, da ward er nicht fest, sondern ging fort bis ans Tor. Joringel freute sich sehr, berührte die Pforte mit der Blume, und sie sprang auf. Er ging hinein, durch den Hof, horchte, wo er die vielen Vögel vernähme; endlich hörte ers. Er ging und fand den Saal, dort war die Zauberin und fütterte die Vögel in den siebentausend Körben. Wie sie den Joringel sah, ward sie bös, sehr bös, schalt, spie Gift und Galle gegen ihn aus, aber sie konnte auf zwei Schritte nicht an ihn kommen. Er kehrte sich nicht an sie und ging, besah die Körbe mit den Vögeln. Da waren aber viele hundert Nachtigallen – wie sollte er nun seine Jorinde wiederfinden? Indem er so zusah, merkte er, dass die Alte heimlich ein Körbchen mit einem Vogel wegnahm und damit nach der Türe ging. Flugs sprang er hinzu, berührte das Körbchen mit der Blume und auch das alte Weib; nun konnte sie nichts mehr zaubern, und Jorinde stand da, hatte ihn um den Hals gefasst, so schön, wie sie ehemals war. Da machte er auch alle die andern Vögel wieder zu Jungfrauen, und da ging er mit seiner Jorinde nach Hause, und sie lebten lange vergnügt zusammen.

Die Bremer Stadtmusikanten

Es hatte ein Mann einen Esel, der schon lange Jahre die Säcke unverdrossen zur Mühle getragen hatte, dessen Kräfte aber nun zu Ende gingen, sodass er zur Arbeit immer untauglicher ward. Da dachte der Herr daran, ihn aus dem Futter zu schaffen, aber der Esel merkte, dass kein guter Wind wehte, lief fort und machte sich auf den Weg nach Bremen. Dort, meinte er, könnte er ja Stadtmusikant werden.

Als er ein Weilchen fortgegangen war, fand er einen Jagdhund auf dem Wege liegen, der jappste wie einer, der sich müde gelaufen hat.

»Nun, was jappst du so, Packan?«, fragte der Esel.

»Ach«, sagte der Hund, »weil ich alt bin und jeden Tag schwächer werde, auch auf der Jagd nicht mehr fortkann, hat mich mein Herr wollen totschlagen. Da hab' ich Reißaus genommen; aber womit soll ich nun mein Brot verdienen?«

»Weißt du was«, sprach der Esel, »ich gehe nach Bremen und werde dort Stadtmusikant. Geh mit und lass dich auch bei der Musik annehmen. Ich spiele die Laute und du schlägst die Pauken.«

Der Hund wars zufrieden, und sie gingen weiter. Es dauerte nicht lange, so saß da eine Katze an dem Weg und machte ein Gesicht wie drei Tage Regenwetter.

»Nun, was ist dir in die Quere gekommen, alter Bartputzer?«, sprach der Esel.

»Wer kann da lustig sein, wenns einem an den Kragen geht?«, antwortete die Katze. »Weil ich nun zu Jahren komme, meine Zähne stumpf werden und ich lieber hinter dem Ofen sitze und spinne, als nach Mäusen herumjage, hat mich meine Frau ersäufen wollen. Ich habe mich zwar noch fortgemacht, aber nun ist guter Rat teuer. Wo soll ich hin?«

»Geh mit uns nach Bremen – du verstehst dich doch auf die Nachtmusik, da kannst du ein Stadtmusikant werden.«

Die Katze hielt das für gut und ging mit.
Darauf kamen die drei Landesflüchtigen an einem Hof vorbei, da saß auf dem Tor der Haushahn und schrie aus Leibeskräften.
»Du schreist einem durch Mark und Bein«, sprach der Esel. »Was hast du vor?«
»Da hab' ich gut Wetter prophezeit«, sprach der Hahn, »weil unserer lieben Frauen Tag ist, wo sie dem Christkindlein die Hemdchen gewaschen hat und sie trocknen will. Aber weil morgen zum Sonntag Gäste kommen, so hat die Hausfrau doch kein Erbarmen und hat der Köchin gesagt, sie wollte mich morgen in der Suppe essen, und da soll ich mir heut Abend den Kopf abschneiden lassen. Nun schrei ich aus vollem Hals, solang ich noch kann.«
»Ei was, du Rotkopf«, sagte der Esel, »zieh lieber mit uns fort! Wir gehen nach Bremen – etwas Besseres als den Tod findest du überall - Du hast eine gute Stimme, und wenn wir zusammen musizieren, so muss es eine Art haben.«
Der Hahn ließ sich den Vorschlag gefallen, und sie gingen alle viere zusammen fort.
Sie konnten aber die Stadt Bremen in einem Tag nicht erreichen und kamen abends in einen Wald, wo sie übernachten wollten. Der Esel

und der Hund legten sich unter einen großen Baum, die Katze und der Hahn machten sich in die Äste, der Hahn aber flog bis in die Spitze, wo es am sichersten für ihn war. Ehe er einschlief, sah er sich noch einmal nach allen vier Winden um. Da deuchte ihn, er sähe in der Ferne ein Fünkchen brennen, und rief seinen Gesellen zu, es müsste nicht gar weit ein Haus sein, denn es scheine ein Licht.
Sprach der Esel: »So müssen wir uns aufmachen und noch hingehen, denn hier ist die Herberge schlecht.«
Der Hund meinte, ein paar Knochen und etwas Fleisch dran täten ihm auch gut. Also machten sie sich auf den Weg nach der Gegend, wo das Licht war, und sahen es bald heller schimmern. Und es ward immer größer, bis sie vor ein hell erleuchtetes Räuberhaus kamen. Der Esel, als der Größte, näherte sich dem Fenster und schaute hinein.
»Was siehst du, Grauschimmel?«, fragte der Hahn.
»Was ich sehe?«, antwortete der Esel. »Einen gedeckten Tisch mit schönem Essen und Trinken, und Räuber sitzen daran und lassens sich wohl sein.«
»Das wäre was für uns«, sprach der Hahn.
»Ja, ja, ach, wären wir da!«, sagte der Esel.
Da ratschlagten die Tiere, wie sie es anfangen müssten, um die Räuber hinauszujagen, und fanden endlich ein Mittel. Der Esel musste sich mit den Vorderfüßen auf das Fenster stellen, der Hund auf des Esels Rücken springen, die Katze auf den Hund klettern, und endlich flog der Hahn hinauf und setzte sich der Katze auf den Kopf. Wie das geschehen war, fingen sie auf ein Zeichen insgesamt an, ihre Musik zu machen: Der Esel schrie, der Hund bellte, die Katze miaute und der Hahn krähte; dann stürzten sie durch das Fenster in die Stube hinein, dass die Scheiben klirrten.
Die Räuber fuhren bei dem entsetzlichen Geschrei in die Höhe, meinten nicht anders, als ein Gespenst käme herein, und flohen in größter Furcht in den Wald hinaus. Nun setzten sich die vier Gesellen an den Tisch, nahmen mit dem vorlieb, was übrig geblieben war, und aßen, als wenn sie vier Wochen hungern sollten.

Wie die vier Spielleute fertig waren, löschten sie das Licht aus und suchten sich eine Schlafstätte, jeder nach seiner Natur und Bequemlichkeit. Der Esel legte sich auf den Mist, der Hund hinter die Türe, die Katze auf den Herd bei der warmen Asche, und der Hahn setzte sich auf den Hahnenbalken; und weil sie müde waren von ihrem langen Weg, schliefen sie auch bald ein.
Als Mitternacht vorbei war und die Räuber von weitem sahen, dass kein Licht mehr im Haus brannte, auch alles ruhig schien, sprach der Hauptmann: »Wir hätten uns doch nicht sollen ins Bockshorn jagen lassen«, und hieß einen hingehen und das Haus untersuchen.
Der Abgeschickte fand alles still, ging in die Küche, ein Licht anzuzünden, und weil er die glühenden, feurigen Augen der Katze für lebendige Kohlen ansah, hielt er ein Schwefelhölzchen daran, dass es Feuer fangen sollte.

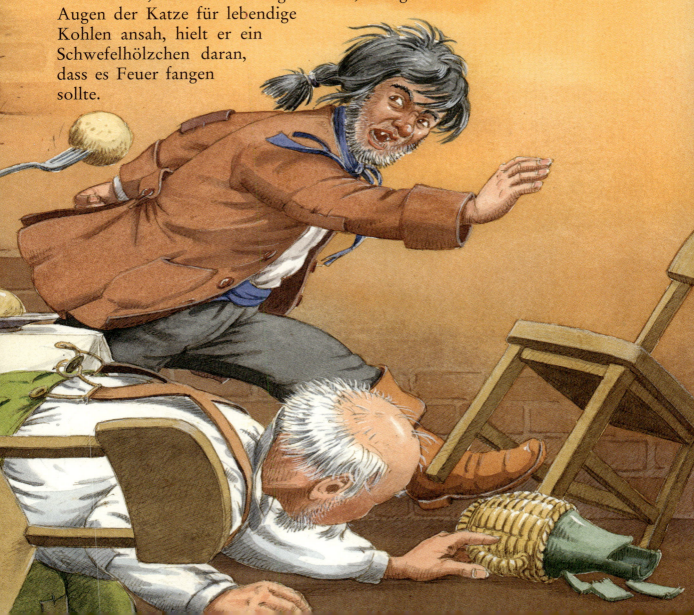

Aber die Katze verstand keinen Spaß, sprang ihm ins Gesicht, spie und kratzte. Da erschrak er gewaltig, lief und wollte zur Hintertüre hinaus, aber der Hund, der da lag, sprang auf und biss ihn ins Bein; und als er über den Hof an dem Mist vorbeirannte, gab ihm der Esel noch einen tüchtigen Schlag mit dem Hinterfuß; der Hahn aber, der vom Lärmen aus dem Schlaf geweckt und munter geworden war, rief vom Balken herab: Kikeriki!

Da lief der Räuber, was er konnte, zu seinem Hauptmann zurück und sprach: »Ach, in dem Haus sitzt eine gräuliche Hexe, die hat mich

angehaucht und mit ihren langen Fingern mir das Gesicht zerkratzt; und vor der Türe steht ein Mann mit einem Messer, der hat mich ins Bein gestochen; und auf dem Hof liegt ein schwarzes Ungetüm, das hat mit einer Holzkeule auf mich losgeschlagen; und oben auf dem Dache, da sitzt der Richter, der rief: »Bringt mir den Schelm her.« Da machte ich, dass ich fortkam.«
Von nun an getrauten sich die Räuber nicht weiter in das Haus. Den vier Bremer Musikanten gefiels aber so wohl darin, dass sie nicht wieder herauswollten. Und der das zuletzt erzählt hat, dem ist der Mund noch warm.

Brüderchen und Schwesterchen

Brüderchen nahm sein Schwesterchen an der Hand und sprach: »Seit die Mutter tot ist, haben wir keine gute Stunde mehr. Die Stiefmutter schlägt uns alle Tage, und wenn wir zu ihr kommen, stößt sie uns mit den Füßen fort. Die harten Brotkrusten, die übrig bleiben, sind unsere Speise, und dem Hündlein unter dem Tisch gehts besser. Dem wirft sie doch manchmal einen guten Bissen zu. Dass Gott erbarm, wenn das unsere Mutter wüsste! Komm, wir wollen miteinander in die weite Welt gehen.«

Sie gingen den ganzen Tag über Wiesen, Felder und Steine, und wenn es regnete, sprach das Schwesterchen: »Gott und unsere Herzen, die weinen zusammen!«

Abends kamen sie in einen großen Wald und waren so müde von Jammer, Hunger und dem langen Weg, dass sie sich in einen hohlen Baum setzten und einschliefen.

Am andern Morgen, als sie aufwachten, stand die Sonne schon hoch am Himmel und schien heiß in den Baum hinein. Da sprach das Brüderchen: »Schwesterchen, mich dürstet! Wenn ich ein Brünnlein wüsste, ich ging' und tränk' einmal. Ich mein. Ich hört' eins rauschen.«

Brüderchen stand auf, nahm Schwesterchen an der Hand, und sie wollten das Brünnlein suchen.

Die böse Stiefmutter aber war eine Hexe und hatte wohl gesehen, wie die beiden Kinder fortgegangen waren, war ihnen nachgeschlichen, heimlich, wie die Hexen schleichen, und hatte alle Brunnen im Walde verwünscht.

Als sie nun ein Brünnlein fanden, das so glitzerig über die Steine sprang, wollte das Brüderchen daraus trinken. Aber das Schwesterchen hörte, wie es im Rauschen sprach: »Wer aus mir trinkt, wird ein Tiger, wer aus mir trinkt, wird ein Tiger.«

Da rief das Schwesterchen: »Ich bitte dich, Brüderchen, trink nicht, sonst wirst du ein wildes Tier und zerreißest mich.«

Das Brüderchen trank nicht, ob es gleich so großen Durst hatte, und sprach: »Ich will warten bis zur nächsten Quelle.«

Als sie zum zweiten Brünnlein kamen, hörte das Schwesterchen, wie auch dieses sprach: »Wer aus mir trinkt, wird ein Wolf; wer aus mir trinkt, wird ein Wolf.«

Da rief das Schwesterchen: »Brüderchen, ich bitte dich, trink nicht, sonst wirst du ein Wolf und frissest mich.«

Das Brüderchen trank nicht und sprach: »Ich will warten, bis wir zur nächsten Quelle kommen, aber dann muss ich trinken! Du magst sagen, was du willst – mein Durst ist gar zu groß.«

Und als sie zum dritten Brünnlein kamen, hörte das Schwesterlein, wie es im Rauschen sprach: »Wer aus mir trinkt, wird ein Reh; wer aus mir trinkt, wird ein Reh.«

Das Schwesterchen sprach: »Ach, Brüderchen, ich bitte dich, trink nicht, sonst wirst du ein Reh und läufst mir fort.«

Aber das Brüderchen hatte sich gleich beim Brünnlein niedergekniet, hinabgebeugt und von dem Wasser getrunken. Und wie die ersten Tropfen auf seine Lippen gekommen waren, lag es da als ein Rehkälbchen.

Nun weinte das Schwesterchen über das arme verwünschte Brüderchen, und das Rehchen weinte auch und saß so traurig neben ihm. Da sprach das Mädchen endlich: »Sei still, liebes Rehchen, ich will dich ja nimmermehr verlassen.«

Dann band es sein goldenes Strumpfband ab und tat es dem Rehchen um den Hals, und rupfte Binsen und flocht ein weiches Seil daraus. Daran band es das Tierchen und führte es weiter und ging immer tiefer in den Wald hinein.

Und als sie lange, lange gegangen waren, kamen sie endlich an ein kleines Haus, und das Mädchen schaute hinein, und weil es leer war, dachte es: »Hier können wir bleiben und wohnen.«

Da suchte es dem Rehchen Laub und Moos zu einem weichen Lager, und jeden Morgen ging es aus und sammelte sich Wurzeln, Beeren und Nüsse, und für das Rehchen brachte es zartes Gras mit. Das fraß es

ihm aus der Hand, war vergnügt und spielte vor ihm herum. Abends, wenn Schwesterchen müde war und sein Gebet gesagt hatte, legte es seinen Kopf auf den Rücken des Rehkälbchens. Das war sein Kissen, darauf es sanft einschlief. Und hätte das Brüderchen nur seine menschliche Gestalt gehabt, es wäre ein herrliches Leben gewesen.

Das dauerte eine Zeit lang, dass sie so allein in der Wildnis waren. Es trug sich aber zu, dass der König des Landes eine große Jagd in dem Wald hielt. Da schallte das Hörnerblasen, Hundegebell und das lustige Geschrei der Jäger durch die Bäume, und das Rehlein hörte es und wäre gar zu gerne dabei gewesen. »Ach«, sprach es zum Schwesterlein, »lass mich hinaus in die Jagd, ich kanns nicht länger mehr aushalten«, und bat so lange, bis es einwilligte.

»Aber«, sprach es zu ihm, »komm mir ja abends wieder! Vor den wilden Jägern schließ ich mein Türlein; und damit ich dich kenne, so klopf und sprich: Mein Schwesterlein, lass mich herein; und wenn du nicht so sprichst, so schließ ich mein Türlein nicht auf.«

Nun sprang das Rehchen hinaus und war ihm so wohl und war so lustig in freier Luft. Der König und seine Jäger sahen das schöne Tier und setzten ihm nach, aber sie konnten es nicht 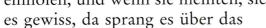 einholen, und wenn sie meinten, sie hätten es gewiss, da sprang es über das Gebüsch weg und war verschwunden.

Als es dunkel ward, lief es zu dem Häuschen,

klopfte und sprach: »Mein Schwesterlein, lass mich herein.« Da ward ihm die kleine Tür aufgetan, es sprang hinein und ruhte sich die ganze Nacht auf seinem weichen Lager aus.

Am andern Morgen ging die Jagd von neuem an, und als das Rehlein wieder das Hifthorn hörte und das Hoho! der Jäger, da hatte es keine Ruhe und sprach: »Schwesterchen, mach mir auf, ich muss hinaus!«

Das Schwesterchen öffnete ihm die Türe und sprach: »Aber zu Abend musst du wieder da sein und dein Sprüchlein sagen.«

Als der König und seine Jäger das Rehlein mit dem goldenen Halsband wieder sahen, jagten sie ihm alle nach, aber es war ihnen zu schnell und behänd. Das währte den ganzen Tag. Endlich aber hatten es die Jäger abends umzingelt, und einer verwundete es ein wenig am Fuß, sodass es hinken musste und langsam fortlief.

Da schlich ihm ein Jäger nach bis zu dem Häuschen und hörte, wie es rief: »Mein Schwesterlein, lass mich herein«, und sah, dass die Tür ihm aufgetan und alsbald wieder zugeschlossen ward. Der Jäger behielt das alles wohl im Sinn, ging zum König und erzählte ihm, was er gesehen und gehört hatte.

Da sprach der König: »Morgen soll noch einmal gejagt werden.«

Das Schwesterchen aber erschrak gewaltig, als es sah, dass sein Rehkälbchen verwundet war. Es wusch ihm das Blut ab, legte Kräuter auf und sprach: »Geh auf dein Lager, lieb Rehchen, dass du wieder heil wirst.«

Die Wunde aber war so gering, dass das Rehchen am Morgen nichts mehr davon spürte. Und als es die Jagdlust wieder draußen hörte, sprach es: »Ich kanns nicht aushalten, ich muss dabei sein! So bald soll mich keiner kriegen.«

Das Schwesterchen weinte und sprach: »Nun werden sie dich töten, und ich bin hier allein im Wald und bin verlassen von aller Welt. Ich lass dich nicht hinaus.«

»So sterb ich dir hier vor Betrübnis«, antwortete das Rehchen. »Wenn ich das Hifthorn höre, so mein ich, ich müsst aus den Schuhen springen!«

Da konnte das Schwesterchen nicht anders und schloss ihm mit schwerem Herzen die Tür auf, und das Rehchen sprang gesund und fröhlich in den Wald.

Als es der König erblickte, sprach er zu seinen Jägern: »Nun jagt ihm nach den ganzen Tag bis in die Nacht, aber dass ihm keiner etwas zuleide tut!«

Sobald die Sonne untergegangen war, sprach der König zum Jäger: »Nun komm und zeige mir das Waldhäuschen.« Als er vor der Türe war, klopfte er an und rief: »Lieb Schwesterlein, lass mich herein.«

Da ging die Tür auf, und der König trat herein, und da stand ein Mädchen, das war so schön, wie er noch keins gesehen hatte. Das Mädchen erschrak, als es sah, dass nicht sein Rehlein, sondern ein Mann hereinkam, der eine goldene Krone auf dem Haupt hatte.

Aber der König sah es freundlich an, reichte ihm die Hand und sprach: »Willst du mit mir gehen auf mein Schloss und meine liebe Frau sein?« »Ach ja«, antwortete das Mädchen, »aber das Rehchen muss auch mit, das verlass ich nicht.«
Sprach der König: »Es soll bei dir bleiben, solange du lebst, und soll ihm an nichts fehlen.«
Indem kam es hereingesprungen. Da band es das Schwesterchen wieder an das Binsenseil, nahm es selbst in die Hand und ging mit ihm aus dem Waldhäuschen fort.
Der König nahm das schöne Mädchen auf sein Pferd und führte es in sein Schloss, wo die Hochzeit mit großer Pracht gefeiert wurde, und war es nun die Frau Königin und lebten sie lange Zeit vergnügt zusammen. Das Rehlein ward gehegt und gepflegt und sprang in dem Schlossgarten herum.
Die böse Stiefmutter aber, um derentwillen die Kinder in die Welt hineingegangen waren, die meinte nicht anders, als Schwesterchen wäre von den wilden Tieren im Walde

zerrissen worden und Brüderchen als ein Rehkalb von den Jägern totgeschossen.

Als sie nun hörte, dass sie so glücklich waren und es ihnen so wohl ging, da wurden Neid und Missgunst in ihrem Herzen rege und ließen ihr keine Ruhe, und sie hatte keinen andern Gedanken, als wie sie die beiden doch noch ins Unglück bringen könnte.

Ihre rechte Tochter, die hässlich war wie die Nacht und nur ein Auge hatte, die machte ihr Vorwürfe und sprach: »Eine Königin zu werden, das Glück hätte mir gebührt.«

»Sei nur still«, sagte die Alte. Und sprach sie zufrieden: »Wenns Zeit ist, will ich schon bei der Hand sein.«

Als nun die Zeit herangerückt war und die Königin ein schönes Knäblein zur Welt gebracht hatte und der König gerade auf der Jagd war, nahm die alte Hexe die Gestalt der Kammerfrau an, trat in die Stube, wo die Königin lag, und sprach zu der Kranken:

»Kommt, das Bad ist fertig, das wird Euch wohl tun und frische Kräfte geben. Geschwind, eh es kalt wird.« Ihre Tochter war auch bei der Hand. Sie trugen die schwache Königin in die Badstube und legten sie in die Wanne, dann schlossen sie die Tür ab und liefen davon. In der Badstube aber hatten sie ein rechtes Höllenfeuer angemacht, dass die schöne junge Königin bald ersticken musste.

Als das vollbracht war, nahm die Alte ihre Tochter, setzte ihr eine Haube auf und legte sie ins Bett an der Königin Stelle. Sie gab ihr auch die Gestalt und das Ansehen der Königin, nur das verlorene Auge konnte sie ihr nicht wiedergeben.

Damit es aber der König nicht merkte, musste sie sich auf die Seite legen, wo sie kein Auge hatte.

Am Abend, als er heimkam und hörte, dass ihm ein Söhnlein geboren war, freute er sich herzlich und wollte ans Bett seiner lieben Frau gehen und sehen, was sie machte. Da rief die Alte geschwind:

»Beileibe, lasst die Vorhänge zu, die Königin darf noch nicht ins Licht sehen und muss Ruhe haben.« Der König ging zurück und wusste nicht, dass eine falsche Königin im Bette lag.

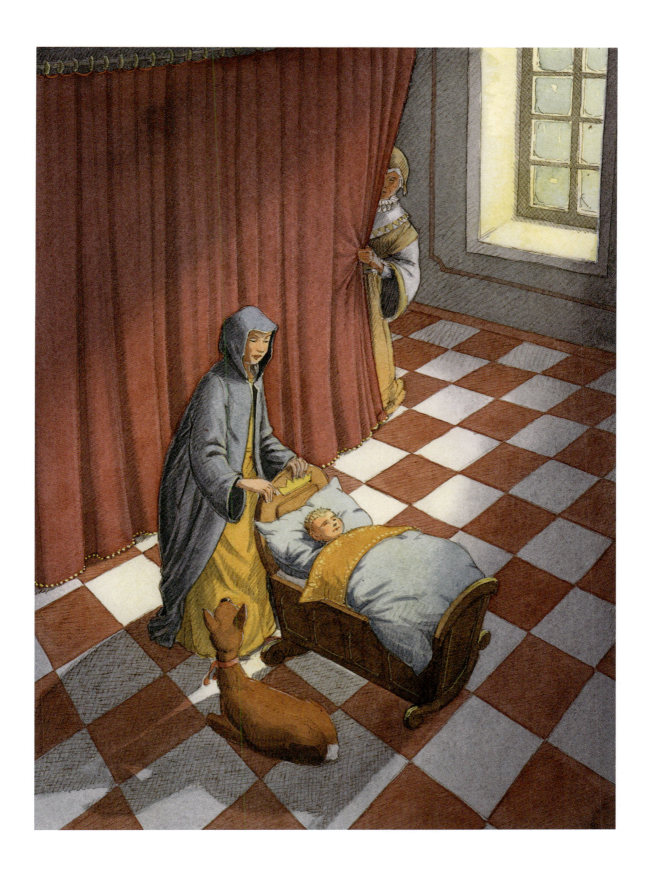

Als es aber Mitternacht war und alles schlief, da sah die Kinderfrau, die in der Kinderstube neben der Wiege saß und allein noch wachte, wie die Türe aufging und die rechte Königin hereintrat. Sie nahm das Kind aus der Wiege, legte es in ihren Arm und gab ihm zu trinken. Dann schüttelte sie ihm sein Kisschen, legte es wieder hinein und deckte es mit dem Deckbettchen zu. Sie vergaß aber auch das Rehchen nicht, ging in die Ecke, wo es lag, und streichelte ihm über den Rücken. Darauf ging sie ganz stillschweigend wieder zur Türe hinaus. Und die Kinderfrau fragte am andern Morgen die Wächter, ob jemand während der Nacht ins Schloss gegangen wäre, aber sie antworteten: »Nein, wir haben niemand gesehen.« So kam sie viele Nächte und sprach niemals ein Wort dabei. Die Kinderfrau sah sie immer, aber sie getraute sich nicht, jemand etwas davon zu sagen.

Als nun so eine Zeit verflossen war, da hub die Königin in der Nacht an zu reden und sprach:

»Was macht mein Kind? Was macht mein Reh?

Nun komm ich noch zweimal und dann nimmermehr.«

Die Kinderfrau antwortete ihr nicht, aber als sie wieder verschwunden war, ging sie zum König und erzählte ihm alles.

Da sprach der König: »Ach Gott, was ist das! Ich will in der nächsten Nacht bei dem Kinde wachen.«

Abends ging er in die Kinderstube, aber um Mitternacht erschien die Königin wieder und sprach:

»Was macht mein Kind? Was macht mein Reh?

Nun komm ich noch einmal und dann nimmermehr.«

Und pflegte dann des Kindes, wie sie gewöhnlich tat, ehe sie verschwand. Der König getraute sich nicht, sie anzureden, aber er wachte auch in der folgenden Nacht. Sie sprach abermals:

»Was macht mein Kind? Was macht mein Reh?

Nun komm ich noch diesmal und dann nimmermehr.«

Da konnte sich der König nicht zurückhalten, sprang zu ihr und sprach: »Du kannst niemand anders sein als meine liebe Frau.« Da antwortete sie: »Ja, ich bin deine liebe Frau«, und hatte in dem

Augenblick durch Gottes Gnade das Leben wiedererhalten, war frisch, rot und gesund.

Darauf erzählte sie dem König den Frevel, den die böse Hexe und ihre Tochter an ihr verübt hatten. Der König ließ beide vor Gericht führen, und es ward ihnen das Urteil gesprochen. Die Tochter ward in Wald geführt, wo sie die wilden Tiere zerrissen, die Hexe aber ward ins Feuer gelegt und musste jammervoll verbrennen. Und wie sie zu Asche verbrannt war, verwandelte sich das Rehkälbchen und erhielt seine menschliche Gestalt wieder. Schwesterchen und Brüderchen aber lebten glücklich zusammen bis an ihr Ende.

Die goldene Gans

Es war ein Mann, der hatte drei Söhne. Davon hieß der jüngste der Dummling und wurde verachtet und verspottet und bei jeder Gelegenheit zurückgesetzt.

Es geschah, dass der Älteste in den Wald gehen wollte, Holz hauen, und eh er ging, gab ihm noch seine Mutter einen schönen feinen Eierkuchen und eine Flasche Wein mit, damit er nicht Hunger und Durst litte.

Als er in den Wald kam, begegnete ihm ein altes, graues Männlein, das bot ihm einen guten Tag und sprach: »Gib mir doch ein Stück Kuchen aus deiner Tasche und lass mich einen Schluck von deinem Wein trinken! Ich bin so hungrig und durstig.«

Der kluge Sohn aber antwortete: »Geb ich dir meinen Kuchen und meinen Wein, so hab ich selber nichts. Pack dich deiner Wege«, ließ das Männlein stehen und ging fort. Als er nun anfing, einen Baum zu behauen, dauerte es nicht lange, so hieb er fehl, und die Axt fuhr ihm in den Arm, dass er musste heimgehen und sich verbinden lassen. Das war aber von dem grauen Männchen gekommen.

Darauf ging der zweite Sohn in den Wald. Und die Mutter gab ihm, wie dem ältesten, einen Eierkuchen und eine Flasche Wein. Dem begegnete gleichfalls das alte, graue Männchen und hielt um ein Stückchen Kuchen und einen Trunk Wein an.

Aber der zweite Sohn sprach auch ganz verständig: »Was ich dir gebe, das geht mir selber ab. Pack dich deiner Wege«, ließ das Männlein stehen und ging fort. Die Strafe blieb nicht aus. Als er ein paar Hiebe am Baum getan, hieb er sich ins Bein, dass er musste nach Haus getragen werden.

Da sagte der Dummling: »Vater, lass mich einmal hinausgehen und Holz hauen.«

Antwortete der Vater: »Deine Brüder haben sich Schaden dabei getan. Lass dich davon, du verstehst nichts davon.« Der Dummling aber bat

so lange, bis er endlich sagte: »Geh nur hin! Durch Schaden wirst du klug werden.« Die Mutter gab ihm einen Kuchen, der war mit Wasser in der Asche gebacken, und dazu eine Flasche saueres Bier.

Als er in den Wald kam, begegnete ihm gleichfalls das alte, graue Männchen, grüßte ihn und sprach: »Gib mir ein Stück von deinem Kuchen und einen Trunk aus deiner Flasche! Ich bin so hungrig und durstig.«

Antwortete der Dummling: »Ich habe aber nur Aschenkuchen und saueres Bier. Wenn dir das recht ist, so wollen wir uns setzen und essen.«

Da setzten sie sich, und als der Dummling seinen Aschenkuchen herausholte, so wars ein feiner Eierkuchen, und das sauere Bier war ein guter Wein.

Nun aßen und tranken sie. Und danach sprach das Männlein: »Weil du ein gutes Herz hast und von dem Deinigen gerne mitteilst, so will ich dir Glück bescheren. Dort steht ein alter Baum. Den hau ab, so wirst du in den Wurzeln etwas finden.«

Darauf nahm das Männlein Abschied.

Der Dummling ging hin und hieb den Baum um, und wie er fiel, saß in den Wurzeln eine Gans, die hatte Federn von reinem Gold. Er hob sie heraus, nahm sie mit sich und ging in ein Wirtshaus, da wollte er übernachten. Der Wirt hatte aber drei Töchter, die sahen die Gans,

waren neugierig, was das für ein wunderlicher Vogel wäre, und hätten gar gern eine von seinen goldenen Federn gehabt.

Die Älteste dachte: »Es wird sich schon eine Gelegenheit finden, wo ich mir eine Feder ausziehen kann.« Und als der Dummling einmal hinausgegangen war, fasste sie die Gans beim Flügel, aber Finger und Hand blieben ihr daran festhängen.

Bald danach kam die Zweite und hatte keinen andern Gedanken, als sich eine goldene Feder zu holen. Kaum aber hatte sie ihre Schwester angerührt, so blieb sie festhängen.

Endlich kam auch die Dritte in gleicher Absicht. Da schrien die andern: »Bleib weg, ums Himmels willen, bleib weg!« Aber sie begriff nicht, warum sie wegbleiben sollte, dachte: »Sind die dabei, so kann ich auch dabei sein«, und sprang herzu, und wie sie ihre Schwester angerührt hatte, so blieb sie an ihr hängen. So mussten sie die Nacht bei der Gans zubringen.

Am andern Morgen nahm der Dummling die Gans in den Arm, ging fort und bekümmerte sich nicht um die drei Mädchen, die daranhingen. Sie mussten immer hinter ihm dreinlaufen, links und rechts, wie's ihm in die Beine kam.

Mitten auf dem Felde begegnete ihnen der Pfarrer, und als er den Aufzug sah, sprach er: »Schämt euch, ihr garstigen Mädchen, was lauft ihr dem jungen Burschen durchs Feld nach? Schickt sich das?« Damit fasste er die Jüngste an die Hand und wollte sie zurückziehen. Wie er sie aber anrührte, blieb er gleichfalls hängen und musste selber hinterdreinlaufen.

Nicht lange, so kam der Küster daher und sah den Herrn Pfarrer, der drei Mädchen auf dem Fuß folgte. Da verwunderte er sich und rief: »Ei, Herr Pfarrer, wo hinaus so geschwind? Vergesst nicht, dass wir heute noch eine Kindtaufe haben«, lief auf ihn zu und fasste ihn am Ärmel, blieb aber auch festhängen.

Wie die fünf so hintereinander hertrabten, kamen zwei Bauern mit ihren Hacken vom Feld. Da rief der Pfarrer sie an und bat, sie möchten

ihn und den Küster losmachen. Kaum aber hatten sie den Küster angerührt, so blieben sie hängen und waren ihrer nun siebene, die dem Dummling mit der Gans nachliefen.

Er kam darauf in eine Stadt, da herrschte ein König, der hatte eine Tochter, die war so ernsthaft, dass sie niemand zum Lachen bringen konnte. Darum hatte er ein Gesetz erlassen: Wer sie zum Lachen bringen könnte, der sollte sie heiraten. Der Dummling, als er das hörte, ging mit seiner Gans und ihrem Anhang vor die Königstochter, und als diese die sieben Menschen immer hintereinander herlaufen sah, fing sie überlaut an zu lachen und wollte gar nicht wieder aufhören.

Da verlangte sie der Dummling zur Braut, aber dem König gefiel der Schwiegersohn nicht. Er machte allerlei Einwendungen und sagte, er müsste ihm erst einen Mann bringen, der einen Keller voll Wein austrinken könnte.

Der Dummling dachte an das graue Männchen, das könnte ihm wohl helfen, ging hinaus in den Wald. Und auf der Stelle, wo er den Baum abgehauen hatte, sah er einen Mann sitzen, der machte ein ganz betrübtes Gesicht. Der Dummling fragte, was er sich so sehr zu Herzen nähme. Da antwortete er: »Ich habe so großen Durst und kann ihn nicht löschen. Das kalte Wasser vertrage ich nicht, ein Fass Wein habe ich zwar ausgeleert, aber was ist ein Tropfen auf einem heißen Stein?« »Da kann ich dir helfen«, sagte der Dummling. »Komm nur mit, du sollst satt haben.«

Er führte ihn darauf in des Königs Keller, und der Mann machte sich über die großen Fässer, trank und trank, dass ihm die Hüften wehtaten. Und ehe ein Tag herum war, hatte er den ganzen Keller ausgetrunken.

Der Dummling verlangte abermals seine Braut. Der König aber ärgerte sich, dass ein schlechter Bursch, den jedermann einen Dummling nannte, seine Tochter davontragen sollte, und machte neue Bedingungen: Er müsste erst einen Mann schaffen, der einen Berg voll Brot aufessen könnte.

Der Dummling besann sich nicht lange, sondern ging gleich hinaus in den Wald.

Da saß auf demselben Platz ein Mann, der schnürte sich den Leib mit einem Riemen zusammen, machte ein grämliches Gesicht und sagte: »Ich habe einen ganzen Backofen voll Raspelbrot gegessen, aber was hilft das, wenn man so großen Hunger hat wie ich? Mein Magen bleibt leer, und ich muss mich nur zuschnüren, wenn ich nicht Hungers sterben soll.«

Der Dummling war froh darüber und sprach: »Mach dich auf und geh mit mir! Du sollst dich satt essen.«

Er führte ihn an den Hof des Königs. Der hatte alles Mehl aus dem ganzen Reich zusammenfahren und einen ungeheuren Berg davon backen lassen. Der Mann aber aus dem Walde stellte sich davor, fing an zu essen, und in einem Tag war der ganze Berg verschwunden.

Der Dummling forderte zum dritten Mal seine Braut. Der König aber suchte noch einmal Ausflucht und verlangte ein Schiff, das zu Land und zu Wasser fahren könnte: »Sowie du aber damit angesegelt kommst«, sagte er, »so sollst du gleich meine Tochter zur Gemahlin haben.«

Der Dummling ging geradesweges in den Wald. Da saß das alte, graue Männchen, dem er seinen Kuchen gegeben hatte, und sagte: »Ich habe für dich getrunken und gegessen, ich will dir auch das Schiff geben. Das alles tu ich, weil du barmherzig gegen mich gewesen bist.«

Da gab er ihm das Schiff, das zu Land und zu Wasser fuhr. Und als der König das sah, konnte er ihm seine Tochter nicht länger vorenthalten. Die Hochzeit ward gefeiert. Nach des Königs Tod erbte der Dummling das Reich und lebte lange Zeit vergnügt mit seiner Gemahlin.

Rumpelstilzchen

Es war einmal ein Müller, der war arm, aber er hatte eine schöne Tochter. Nun traf es sich, dass er mit dem König zu sprechen kam, und um sich ein Ansehen zu geben, sagte er zu ihm: »Ich habe eine Tochter, die kann Stroh zu Gold spinnen.«

Der König sprach zum Müller: »Das ist eine Kunst, die mir wohl gefällt. Wenn deine Tochter so geschickt ist, wie du sagst, so bring sie morgen in mein Schloss, da will ich sie auf die Probe stellen.«

Als nun das Mädchen zu ihm gebracht ward, führte er es in eine Kammer, die ganz voll Stroh lag, gab ihr Rad und Haspel und sprach: »Jetzt mache dich an die Arbeit! Und wenn du diese Nacht durch bis morgen früh dieses Stroh nicht zu Gold versponnen hast, so musst du sterben.« Darauf schloss er die Kammer selbst zu, und sie blieb allein darin.

Da saß nun die arme Müllerstochter und wusste um ihr Leben keinen Rat. Sie verstand gar nichts davon, wie man Stroh zu Gold spinnen konnte, und ihre Angst ward immer größer, dass sie endlich zu weinen anfing.

Da ging auf einmal die Türe auf und trat ein kleines Männchen herein und sprach: »Guten Abend, Jungfer Müllerin! Warum weint Sie so sehr?«

»Ach«, antwortete das Mädchen, »ich soll Stroh zu Gold spinnen und verstehe das nicht.«

Sprach das Männchen: »Was gibst du mir, wenn ich dirs spinne?«

»Mein Halsband«, sagte das Mädchen. Das Männchen nahm das Hals-

band, setzte sich vor das Rädchen, und schnurr, schnurr, schnurr, dreimal gezogen, war die Spule voll. Dann steckte es eine andere auf, und schnurr, schnurr, schnurr, dreimal gezogen, war auch die zweite voll; und so gings fort bis zum Morgen. Da war alles Stroh versponnen, und alle Spulen waren voll Gold.

Bei Sonnenaufgang kam schon der König, und als er das Gold erblickte, erstaunte er und freute sich, aber sein Herz ward nur noch goldgieriger. Er ließ die Müllerstochter in eine andere Kammer voll Stroh bringen, die noch viel größer war, und befahl ihr, das auch in einer Nacht zu spinnen, wenn ihr das Leben lieb wäre.

Das Mädchen wusste sich nicht zu helfen und weinte. Da ging abermals die Türe auf, und das kleine Männchen erschien und sprach: »Was gibst du mir, wenn ich dir das Stroh zu Gold spinne?«

»Meinen Ring von dem Finger«, antwortete das Mädchen.

Das Männchen nahm den Ring, fing wieder an zu schnurren mit dem Rade und hatte bis zum Morgen alles Stroh zu glänzendem Gold gesponnen.

Der König freute sich über die Maßen bei dem Anblick, war aber noch immer nicht Goldes satt, sondern ließ die Müllerstochter in eine noch größere Kammer voll Stroh bringen und sprach: »Die musst du noch in dieser Nacht verspinnen. Gelingt dirs aber, so sollst du meine Gemahlin werden.« Wenns auch eine Müllerstochter ist, dachte er, eine reichere Frau finde ich in der ganzen Welt nicht!

Als das Mädchen allein war, kam das Männlein zum dritten Mal wieder und sprach: »Was gibst du mir, wenn ich dir noch diesmal das Stroh spinne?«

»Ich habe nichts mehr, das ich geben könnte«, antwortete das Mädchen.

»So versprich mir, wenn du Königin wirst, dein erstes Kind.«

»Wer weiß, wie das noch geht«, dachte die Müllerstochter und wusste sich auch in der Not nicht anders zu helfen. Sie versprach also dem Männchen, was es verlangte, und das Männchen spann dafür noch einmal das Stroh zu Gold.

Und als am Morgen der König kam und alles fand, wie er gewünscht

hatte. So hielt er Hochzeit mit ihr, und die schöne Müllerstochter ward eine Königin. Über ein Jahr brachte sie ein schönes Kind zur Welt und dachte gar nicht mehr an das Männchen.

Da trat es plötzlich in ihre Kammer und sprach: »Nun gib mir, was du versprochen hast!«

Die Königin erschrak und bot dem Männchen alle Reichtümer des Königreichs an, wenn es ihr das Kind lassen wollte. Aber das Männchen sprach: »Nein, etwas Lebendes ist mir lieber als alle Schätze der Welt.«

Da fing die Königin so an zu jammern und zu weinen, dass das Männchen Mitleid mit ihr hatte: »Drei Tage will ich dir Zeit lassen«, sprach er. »Wenn du bis dahin meinen Namen weißt, so sollst du dein Kind behalten.«

Nun besann sich die Königin die ganze Nacht über auf alle Namen, die sie jemals gehört hatte, und schickte einen Boten über Land, der sollte sich erkundigen weit und breit, was es sonst noch für Namen gäbe. Als am andern Tag das Männchen kam, fing sie an mit Kaspar, Melchior, Balzer und sagte alle Namen, die sie wusste, nach der Reihe her.

Aber bei jedem sprach das Männlein. »So heiß ich nicht.«

Den zweiten Tag ließ sie in der Nachbarschaft herumfragen, wie die Leute da genannt würden, und sagte dem Männlein die ungewöhnlichsten und seltsamsten Namen vor: »Heißt du vielleicht Rippenbiest oder Hammelswade oder Schnürbein?«

Aber es antwortete immer: »So heiß ich nicht.«

Den dritten Tag kam der Bote wieder zurück und erzählte: »Neue Namen habe ich keinen einzigen finden können. Aber wie ich an einen hohen Berg um die Waldecke kam, wo Fuchs und Has sich gute Nacht sagen, so sah ich da ein kleines Haus, und vor dem Haus brannte ein Feuer, und um das Feuer sprang ein gar zu lächerliches Männchen, hüpfte auf einem Bein und schrie:

»Heute back ich, morgen brau ich,
übermorgen hol ich der Königin ihr Kind.
Ach, wie gut ist, dass niemand weiß,
dass ich Rumpelstilzchen heiß!«

Da könnt ihr denken, wie die Königin froh war, als sie den Namen hörte. Und als bald hernach das Männlein hereintrat und fragte: »Nun, Frau Königin, wie heiß ich?«, fragte sie erst: »Heißest du Kunz?«
»Nein.«
»Heißest du Heinz?«
»Nein.«
»Heißt du etwa Rumpelstilzchen?«
»Das hat dir der Teufel gesagt, das hat dir der Teufel gesagt«, schrie das Männlein und stieß mit dem rechten Fuß vor Zorn so tief in die Erde, dass es bis an den Leib hineinfuhr, dann packte es in seiner Wut den linken Fuß mit beiden Händen und riss sich selbst mitten entzwei.

Biographie

Bernhard Oberdieck wurde in Oerlinghausen in Westfalen geboren. Nach einer Ausbildung zum Lithographen studierte er an der Werkkunstschule in Bielefeld Freie Graphik. Nach einer kurzen Tätigkeit als Kunsterzieher an einem Gymnasium und Mitarbeit in einer Münchner Werbeagentur arbeitet Bernhard Oberdieck nun seit fast zwei Jahrzehnten erfolgreich als selbstständiger Illustrator und genießt internationale Anerkennung. Er arbeitet mit verschiedensten Techniken und Materialien, doch seine bevorzugte Technik ist immer noch das feine, detaillierte Arbeiten, das auch diesem Buch einen ganz besonderen Charme verleiht, der immer wieder zum Anschauen und Träumen einlädt.

„Was den Illustrationsstil von Bernhard Oberdieck auszeichnet, ist die Balance zwischen lupensicherer Genauigkeit und zeitloser Generosität, das Hervorbringen einer transparenten Leichtigkeit und Leuchtkraft und nicht zuletzt der sichere Spürsinn für das, was Kindern zur Entzündung ihrer Fantasie hilft."

Prof. Dr. Hans Gärtner

Impressum

Bibliografische Information Der Deutschen Bibliothek

Die Deutsche Bibliothek verzeichnet diese Publikation
in der Deutschen Nationalbibliografie;
detaillierte bibliografische Daten sind im Internet über
http://dnb.ddb.de abrufbar.

Nach den Regeln der neuen Rechtschreibung

Die Texte wurden unverändert der Gesamtausgabe
der Kinder- und Hausmärchen,
gesammelt durch die Brüder Grimm,
nach der 7. Auflage von 1857 entnommen.

© 2004 arsEdition GmbH, München
Illustrationen: Bernhard Oberdieck
Produktion: Detlev Neuss · Katja Walter
ISBN 3-7607-1395-5

www.arsedition.de